KB271944

주거 3.0

100세 주거, 전세는 없다

주거 3.0

100세 주거, 전세는 없다

서정렬 · 김현아 지음

프롤로그: 주택에 살며, 읽고, 생각하고 짓다

우리는 대개의 경우 평생 주택에 산다. 우리의 경험이 곧 주택이다. 주택을 통해 가족과 대면하며 같이 성장한다. 우리는 우리 각자의 인생을 살지만 집은 우리 각자의 인생을 담고 우리의 표정을 닮는다. 주택에 살며, 주택을 통해 사회를 보고, 내 집에 대한 각자의 생각으로 고민에 빠지기도 한다. 이런 상황에서 정치가 주택에 대한 나름대로의 고민을 갖고 있는 많은 사람들을 '표'로 인식하는 것은 어쩌면 당연할 일일지도 모른다. 그러나 이제 100세 시대에 살면서 단순히 재테크 수단으로서의 주택에 대한 맹신보다는 삶으로서의 주거를 고민하는 사람들이 많아지고 있다. 주거를 생각하고 삶으로서의 집을 짓는 사람들이 늘고 있다. 그렇게 시대가, 여건이, 우리 각자의 생각이 변화되고 있다. 집에 대한 생각이 바뀌고 있다. 이 책은 살며, 보며, 읽고, 다시 생각하고, 짓는 우리의 주택과 주거에 대한 단상들을 담고 있다.

우리는 집에 산다. 내 집일 수도 남의 집일 수도, 도시일 수도 도시 밖일 수도 있다. 최근 전셋값이 오르면서 점차 전세가 사라지고 반전세가 많아지고 있다. 수익형 부동산에 대한 투자와 관심이 높아지면서 월세가 보편화되고 있다. 베이비 부머의 은퇴에 따른 노후생활비 마련도 이러한 추세를 부추기고 있다. 바야흐로 월세가 문화(culture)인 시대를 살고 있다. 오른 전세보증금을 감당하지 못하면 공간적으로 임대료가 저렴한 곳으로 이동해야 한다. 전세의 공간경제학인 셈이다. 이에 따라 전셋값이 매매값 수준에 육박하기도 한다. 주택가격이 더 떨어질 것이라는 기대감이 커진다면 전셋값이 매매값을 추월할지도 모를 일이다.

우리는 집을 통해 사회를 읽는다. 내 집에 거주하는 사람의 비율만큼 2012년 총선 투표에 참여하는 아이러니가 우리 사회에 존재한다. 초과수요에 길들여진 공급자는 아직도 소비자들이 무엇을 원하는지, 인구와 가구 특성이 급격히 변하고 있는 틈새시장에서 어떤 제품을 만들어야 하는지, 다른 업종의 업체들이 '기업의 연속성' 측면에서 이와 관련해 얼마나 고민하는지 아직도 잘 알지 못한다. 우리나라에서는 두 가지가 해결되면 된다. '내 집'과 '내 자식'이다. 싸이의 강남스타일은 강남 집값을 올렸을까? 하우스 푸어가 국가재정을 풀어 감당해 주어야 할 대상인지, 목돈 들어가는 주택임대차가 만드는 렌트 푸어 문제는 어떻게 해결할 수 있을지, 이 모두가 집을 통해, 주택을 통해 우리가 사회를 읽는 단서들이다.

그래서 정치는 주택을 '표'로 인식한다. 자산의 약 80%를 부동산으로 갖고 있는 우리 자신도 자신을 주택이라는 표로 인식해 줄

것을 은근히 강요한다. 그래서 안철수 전 서울대 교수도 하우스 푸어를 『안철수의 생각』에 포함시켰다. 하우스 푸어에 대한 정치적 공약은 대선 후보 모두가 이들을 '표'로 인식했다는 뜻이기도 하다. 주택의 정치학은 그래서 정치인들에게는 여전히 유효한 전략적 선택이다.

주택의 양적 문제가 어느 정도 해소되고 주택 가격이 더 이상 폭등할 가능성이 낮아지면서 투자재로 인식됐던 거래 단위로서의 주택에서 거주 개념의 주거로 주택에 대한 관심이 바뀌고 있다. 물론 이런 것에 관심이 적었던 사람들은 더 나아가 내 집을 짓기도 한다. 아파트 일변도의 광고에서 단독주택이 등장하기도 하고, 세시봉을 연호하는 베이비 부머들의 주택에 대한 생각에 관심이 쏠린다. 그들의 생각이, 그들의 라이프 사이클이 어떻게 변할지, 미국이나 일본의 앞선 경험이 우리에게 시사하는 바가 무엇인지 궁금해지기도 한다. 시장의 플레이어(player)들이 이러한 변화 속에서 우리 사회가, 우리 각자가 어떤 선택을 할 것인지에 대해 서로를 관찰하고 있다. 이전과는 분명 다른 변화이고 경험이다. '주택'과 '주거'를 구별하고 '아파트'와 '단독'을 비교한다. 다양한 소통으로서의 협업을 필요로 하는 '주거 3.0'은 그래서 새로운 모색일 수 있다.

우리는 지금 '삶으로서의 집'을 짓는다. 각자의 위치에서, 각자의 나이에서, 각자의 방식으로. 처음이라 낯설지만 땅콩집을 통해 아파트가 아닌 단독을 꿈꾸기도 하고, 아파트와 단독을 바꾸기도 하고, '저렴주택'을 인문학적으로 시공하기도 한다. '내 집'을 짓기도 하고 남의 집을 내 집처럼 작지만 큰 집으로 만들어 '짓기'(지어주기)도 한다. 그래서 '내 집'을 짓는 사람들이 있고, 집을 '짓는(지어주는)' 사람들도 있다.

같지만 다른 생각, 다르지만 같은 생각을 주택을 매개로 엮었다. 생각의 울타리다. 나 또는 당신이 고민했거나 또는 전혀 차원이 다른 생각을 갖고 있는 우리 각자가 가장 편하게 쉬는 곳이 바로 집이다. 생각을 짓는 집을 꿈꾼다.

서정렬·김현아

Contents

프롤로그: 주택에 살며, 읽고, 생각하고 짓다　　4

Ⅰ. 주택에 '살다'　　13

01 전세의 공간경제학　　15

02 전세는 없다　　18

03 월세는 문화(Culture)다　　26

04 도심회귀와 부동산 시장　　31

05 검색 상위 5위 아파트의 진실과 특징　　34

06 겨울철 전기 먹는 하마가 집?　　40

07 1인 가구의 증가와 수익형 부동산 시장　　44

08 매매가보다 비싼 전세가, 역전 가능한가?　　49

09 미래 여가 트렌드와 주택시장　　54

10 미국의 도시 만들기와 주택시장: 워커블 어버니즘
(Walkable Urbanism)　　57

Ⅱ. 주택을 '읽다': 주택의 사회학　　61

01 100세 시대, 100세 주거　　63

02 54.3 vs. 54.2: 집값이 오르기를 바라는 사람들　　66

03 3%의 'K리그'와 부동산 시장　　71

04 배추 값과 주택시장 · · · 74

05 스마트폰 '쓴소리'와 주택산업 · · · 77

06 '내 집'과 내 자식 · · · 81

07 아파트시장의 탈동조화 · · · 85

08 인구·가구의 변화와 주택상품 개발 · · · 88

09 통계가 보여주는 주택문제와 이슈 · · · 92

10 강남스타일, 강남 집값 올렸나? · · · 95

11 하우스 푸어, 어떻게 바라볼 것인가? · · · 99

12 목돈 필요한 주택임대차가 만드는 렌트 푸어 · · · 104

Ⅲ. 주택을 '생각하다' · · · 109

01 20대의 '내 집'과 부동산 투자 · · · 111

02 30대의 '내 집 마련'과 피로증후군 · · · 114

03 40대의 '내 집'과 '중산층(Typical Middles)' 전략 · · · 117

04 50대 베이비 부머(Baby Boomer)의 '내 집' + '생각' · · · 121

05 60대를 위한 '내 집' 재투자 전략 · · · 124

06 70대의 '내 집'과 버킷 리스트(Bucket List) · · · 127

Ⅳ. '주택'을 통해 보다: 주택의 정치학   131

01 하우스 푸어에 대한 '안철수의 생각'   133

02 박근혜 '정부 3.0' vs. 주거 3.0   138

03 노후 아파트 정비, '뉴타운 3.0'   144

04 새 정부가 주목해야 할 부동산 문제와 정책 이슈   154

05 박근혜 정부, 왜 부동산 시장인가?   160

06 새 정부의 부동산 정책에 거는 기대   168

Ⅴ. '주거'를 생각하다   173

01 광고를 통해 본 주택 트렌드 변화   175

02 '세시봉' 세대의 주거학   178

03 58년 개띠를 팔로(Follow)하라   182

04 미국의 베이비 부머와 CCRCs 그리고 UBRC   189

05 일본 단카이 세대와 주택시장   198

06 누가 이겼을까? 도심아파트 vs. 전원주택   206

07 청년층, 주거복지를 요구하다   212

Ⅵ. 삶으로서의 집을 '짓다': 주거 인문학　　217

　01 아파트는 가격이고 땅은 가치다　　219

　02 '내 집'과 영화 '건축학개론'　　223

　03 법정 스님으로부터 배우는 '무소유' 주거관　　228

　04 단독주택을 생각하다　　231

　05 '내 집'을 짓는 사람들　　237

　06 집을 '짓는' 사람들　　241

에필로그: 살고 싶은 집을 선택했는가?　　249

I
주택에 '살다'

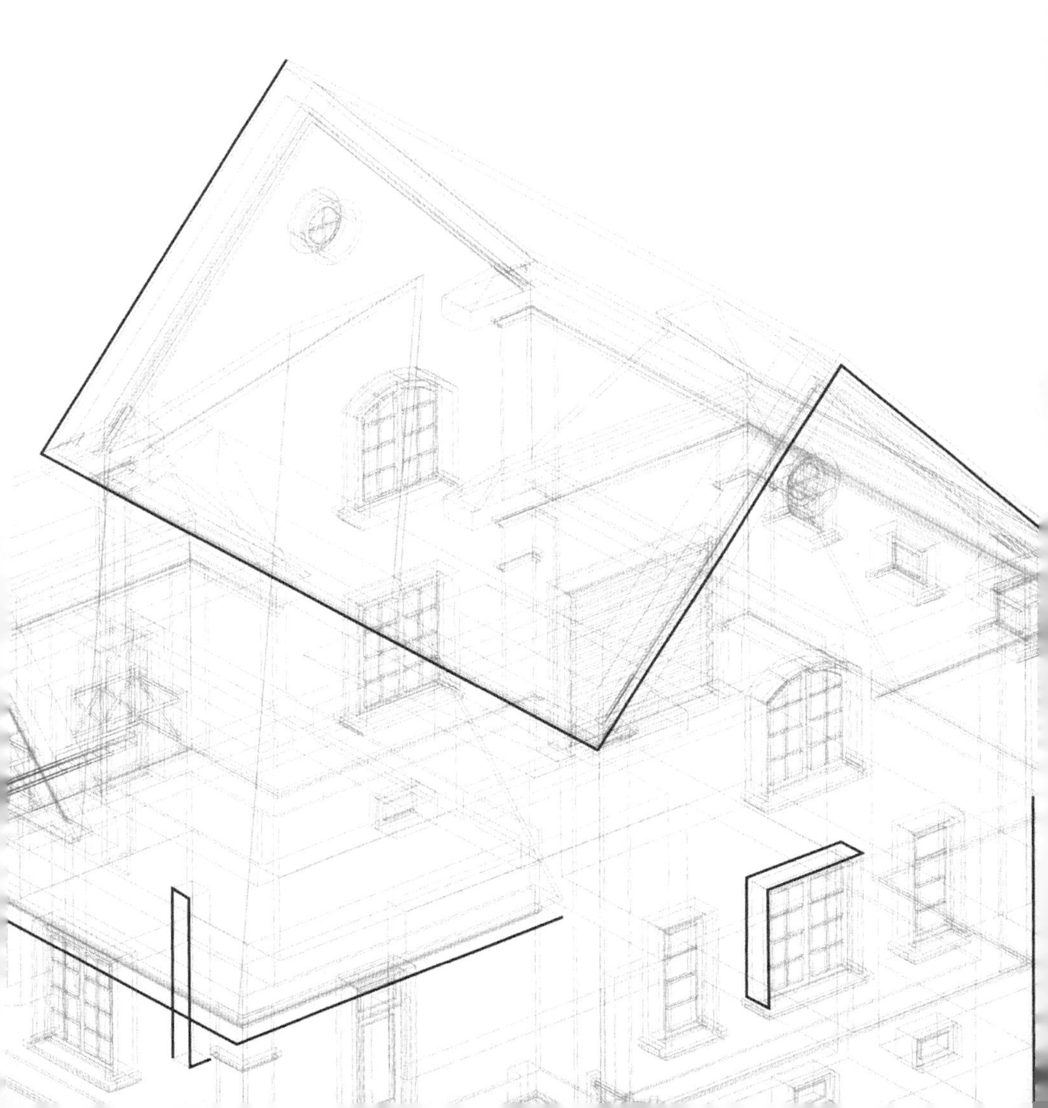

01
전세의 공간경제학

최근 몇 년 동안 전세가격의 이상 급등으로 전세가를 감당 못한 세입자들이 현재와 동일한 가격대 수준 또는 인상폭이 낮은 전세물건 쪽으로 이동하고 있다. 기존 전세물건과 동일 지역일 경우 아파트에서 빌라 등 다세대 쪽으로 주택유형이 바뀌고 있다. 그러나 동일 지역이 아닐 경우의 이동은 도심에서 도시 외곽 쪽이다. 전세가의 상승에 따른 이런 주거이동은 공간경제 측면에서 주택시장에 어떤 영향을 미칠까?

전세가 상승에 따른 현재의 주거이동은 비슷한 수준의 전세가격에 맞춘 이동이라는 측면에서 주거수준의 수평적 이동일 수 있다. 그러나 교육, 출퇴근 여건 및 주거환경 등 삶의 질 측면에서는 이전보다 떨어진 주거의 하향 순환(backward filtering)이다. 이는 어쩌면 시장에서의 자연스러운 선택의 결과라고 할 수 있으나 도시공간의 변화라는 차원에서는 의미 있는 몇 가지 시사점을 갖고 있다.

설을 앞두고 백화점과 대형마트는 뜨거운 "설 대목"을 맞고 있으나 재래시장은 썰렁하다고 한다. 이것은 소비자들이 상대적 과시욕을 보이기 위해 "비싼 물건"을 선호하는 이른바 "베블렌 효과"까지는 아니더라도 백화점과 대형마트 그리고 재래시장 간의 양극화를 보여준다. 백화점과 대형마트에서는 비싼 물건이 많이 팔리는 반면 재래시장의 경우에는 구제역 등 물가 상승의 여파로 서민입장에서는 이마저도 부담을 느껴 "비싸서 못 사는" 상황이라는 얘기다. 현재의 주택시장 또한 이와 유사하다. 전세시장은 전세 보증금이 너무 올라 전세금에 맞추어 재계약하지 못하고 다른 낮은 곳으로 옮겨야 하는 "비싸서 못 사"는 상황이다.

그렇다면 전세가 상승으로 인한 도심에서 외곽으로의 주거이동은 향후 주택시장과 도시공간 차원에서 어떤 영향을 미칠까? 첫째, 삶의 질로서의 주거수준 양극화가 이전보다 심화될 가능성이 크다는 점이다. 도심에서 누릴 수 있는 기존의 주거편의보다는 전세보증금 가격에 맞춘 이동이기 때문에 결국 주거여건으로서의 총체적인 "삶의 질"은 이전보다 떨어질 것으로 판단된다. 둘째, 현재 도심에서 도시 외곽으로 주거를 이동한 세대의 경우 전세가격이 안정되더라도 떠나온 곳으로의 U-turn은 쉽지 않을 수 있다는 점이다. 이것은 도심의 중심부에서 멀어질수록 임대료 수준이 하락하는 입찰지대론(bid rent theory)이 그대로 적용되는 까닭에 도심과 외곽 간 전세가 격차는 더욱 커질 수 있음에 기인한다.

또한 탈동조화(decoupling) 현상의 진전은 양극화와 차별화를 심화시켜 동일한 지역에서도 가격 편차를 크게 할 수 있다. 결국 전세가의 상승에 의한 도심에서 외곽 쪽으로의 주거이동은 도심으로의 주거상향(forward filtering)을 어렵게 해 결과적으로 도심 활성화를 위해 시도되고 있는 도시재생사업에도 부정적인 영향을 미칠 수 있다. 50% 후반대의 자가보유율을 보이고 있는 우리나라에 있어 전세문제는 당분간 반복이 불가피한 주택문제 가운데 하나이다. 따라서 일시적인 수급이 개선되면 시장은 다시 안정을 찾을 수 있다. 그러나 이번 전세문제로 시발(始發)된 도시공간차원의 변화는 자칫 콤팩트 시티(compact city)를 통한 도시경쟁력 제고를 저해할 수도 있다는 측면에서 주택보급률이 지속적으로 향상됨에 따라 주택과 도시문제를 함께 모니터링할 수 있는 컨트롤 타워(control tower)로서의 정부 역할이 요구된다.

02
전세는 없다

매매보다 전세를 선택하다

글로벌 금융위기 이후 한국의 주택 전세시장은 심상치 않게 움직이고 있다. 계절적 비수기임에도 전세난이 가중되었던 이유는 무엇일까? 그것은 '매매'보다는 '전세'를 선택한 시장의 결과다. 가격 상승기를 지나 하락기에 접어든 주택시장에서 실수요자든, 투기적 수요든 무리하게 높은 분양가 또는 높은 매매가를 감수할 필요가 없기 때문이다. 불과 6개월 전까지만 하더라도 매매가격은 더 떨어질 것처럼 보였고 전셋값의 국지적인 상승에도 불구하고 전체적으로는 우려할 만한 상황이 아니었다.

그런데 2010년 연말을 지나면서 물량 감소에 따른 '전세 구하기'가 우려상황으로 반전되기 시작했다. 해가 바뀌면서부터는 오히려 계절적으로는 비수기임에도 문제의 심각성은 가중되고 있다. 설상가상 올해 입주 예정 물량의 감소는 전세난을 부추겨 매수세를 자극할 것이라는 예상에 힘이 실리고 있다. 그런데 문제는 이번 전세난의 해소와는 상관없이 기존 임대시장이 이전과는 다르게 변할 것이란 점이다.

세계에서 유일하게 전세시장이 존재할 수 있었던 것은 다른 이유들은 차치하더라도 부동산 취득을 통한 자산이득(capital gain)이 여타 금융상품에 비해 상대적으로 높았기 때문이다. 전세시장이 유지될 수 있었던 가장 큰 이유도 이러한 레버리지 효과(leverage effect)에 근거한다. 일단 집을 갖고만 있으면 지출해야 하는 세금 등 여타 금융비용을 포함하더라도 매매차익이 그것을 충분히 상쇄시켜 왔다. 그런데 최근의 매매가 하향 안정화 추세와 장기적 차원의 대세하락 가능성은 실수요자의 구매력을 감소시켜 매매수요를 대기수요로 바꿨다. 당연히 전세 임대시장을 이전보다 확대시키는 배경으로 작용했다. 집값 반등 여부에 따라 정도의 차이는 있겠지만 집을 사겠다는 수요보다 전세를 살겠다는 수요가 당분간 지속될 듯하다. 어쩌면 높은 매매가격에 부담을 느껴 아예 보유보다는 거주로서의 전세를 선택할지 모른다. 그런데 문제는 주택가격 하락 가능성이 커지면 커질수록 시세하락과 금융비용 보전을 위해 집주인들이 전세보다는 월세를 선호하게 될 것이라는 사실이다.

그렇다면 시장은 어떻게 변화될까? 비율은 달라질 수 있지만 전세는 대부분 월세로 전환될 것이 분명하다. 아니 어쩌면 전세 자체가 없어지고 월세시장으로 개편될 것이다. 다만, 집값 상승여지 또는 집값 하락에는 시간이 더 걸릴 것이란 기대가 일정 부분 전세시장을 유지시키겠지만 집값이 더 이상 오르지 않는다면 임대시장은 수익형 부동산으로서의 시장 메커니즘에 의해 향배가 결정될 것이 빤하다. 전세물량의 감소에 기인하는 측면이 없지 않지만 최근 금리인상분을 보전하기 위한 집주인들이 선택하는 전세보증금과 월세 형태의 '반전세'는 바로 이러한 변화의 일면을 보여주는 대목이라는 점에서 시사하는 바가 크다.

수급불균형에 따른 전세물량의 감소와 최근의 금리인상 등의 여건변화는 전세를 빠르게 월세로 전환시키고 있다. 하지만 이것은 시작에 불과하다. 베이비 부머들의 퇴직은 보유 부동산에 대한 포트폴리오 리모델링을 가속화시킬 것이고 이런 결과는 결국 생활비 전용을 위한 월세시장으로의 개편을 보다 촉진시킬 것이다. 언제일지 몰랐던 불가피한 변화의 서막은 이미 시작됐다. 이제 전세는 없다.

전세는 없다

2012년 7월 16일 KB국민은행이 발표한 전국주택가격동향조사 자료를 보면 전국의 주택 전세가격은 전월 대비로 2009년 3월 오르기 시작해 지난달까지 매월 올랐다. 전세가격이 40개월 연속 상승한 것으로 이는 이 조사를 시작한 1986년 이후 최장기 상승이다. 그나마 여름이라는 계절적 비수와 맞물리면서 전세가격이 하락세로 돌아서 40개월 연속 상승으로 마감됐다. 발표 내용을 살펴보면 전세시장의 구조적 변화를 어느 정도 파악할 수 있는 대목들이 보인다.

첫째, 40개월 동안 대략 한 달에 1% 안팎의 상승세가 지속되었다. 주택 전세가격지수는 오름세 직전인 2009년 2월 83.3에서 지난달 106.8로 뛰었다. 이 기간 상승률은 28.1%에 달했다. 같은 기간 소비자물가 상승률(10.4%)에 비해 전세가격이 3배나 오른 셈이다. 아파트만 보면 아파트 전세가격지수는 2009년 2월 79.2에서 지난달 108.6으로 40개월간 무려 37.1% 올랐다.

둘째, 지역별 아파트 전세가격 상승 추세는 비수도권이 높았다. 수도권(32.5%)에서는 경기(35.1%), 서울(34.0%), 인천(17.3%)이 모두 평균을 밑돌았다. 5대 광역시(44.3%)에서는 인천, 광주(35.4%), 대구(37.1%)가 평균 이하였으며 부산(52.8%)이 50%를 웃돌았다. 대전(42.2%), 울산(41.9%)도 꽤 올랐다. 서울에선 강남(36.8%)이 강북(30.7%)보다 많이 올랐고 송파(45.9%), 강동(44.7%), 광진(42.5%), 서초(41.9%)에서 40%를 웃돌았다. 시·군·구 아파트 전세 중에서는 70% 가까이 오른 경남 양산(67.8%)이 전국 최고 상승률을 보였고, 부산 사상구·경기 화성·하남(각 62.6%) 등도 60% 넘게 올랐다. 전세시장에 있어서도 지역별 양극화와 디커플링(decoupling)[1]이

---

1) 동조화(coupling)의 반대 개념이다. 원래는 한 나라 또는 일정 국가의 경제가 인접한 다른 국가나 보편적

진행되고 있다고 할 수 있다.

주목할 것은 최근의 '전세난'이 국지적·계절적인 단기 이슈가 아닌 주택시장 전반의 구조적인 변화를 수반하고 있다는 점이다. 중소형 주택의 수급불균형과 가격 하락기의 접점이 만든 현재의 '전세난'이 단순히 반복되던 기존의 전세난과 다른 이유는 무엇이고 그 의미를 어떻게 봐야 할까?

전세난은 항상 있었다. 특히 학군 수요가 있는 겨울방학 중 1, 2월을 전후한 시점의 계절적 반복 성격이 강했다. 매년 반복됨에도 전세난은 전세난 이후 이어지는 매매가 상승 랠리에 그냥 묻혀왔다. 이런 이유로 '전세난'에 대해 이전과 다른 인식의 변화가 생긴 것 역시 최근의 변화라고 할 수 있다. 매매가의 '가격 하락'이라는 시장의 시그널이 있고서부터다. 그만큼 전세난은 매매가 상승에 묻혀 문제의 심각성이 부각되지 못한 측면이 있다고 봐야 한다. 전세난의 심각성은 어떤 시장의 변화를 내포하고 있을까?

가장 큰 첫 번째 변화는 전세가 상승 이후 매매가 상승이라는 시장의 반복적 메커니즘이 깨졌다는 것이다. 전세난은 전세 물건의 일시적 수급부족에 따른 결과다. 따라서 전세 물건이 많아지면 전세난은 해소된다. 그러나 전세난에 따른 전세가격의 상승이 내

인 세계경제의 흐름과는 달리 독자적인 경제흐름을 보이는 현상을 일컬으나 주택시장과 관련해서는 서울·수도권과 비수도권시장 등 지역별로 서로 다르게 움직이는 현상을 뜻하는 의미로 사용하고자 한다.

집 마련을 꾀하는 실수요자 또는 대체수요자들의 매수세를 자극시켰고 이러한 매수세의 증가가 실제 거래로 이어지면서 자연스럽게 매매가격을 상승시켜 왔다는 점이다. 그런데 이런 반복적 인과관계가 깨졌음을 의미한다. 결과적으로 전세가격은 오르지만 매매수요로 연결되지 않음에 따라 매매가격의 추세적 상승이 일어나지 않는다는 점이다.

두 번째, 전세난이 특정 시점, 특정 기간 전세 물건의 공급부족에 따른 전세가격의 상승에 그치지 않고 반전세, 반월세 등 이전과는 다른 계약 방식을 보편화시키고 있다는 점이다. 이것은 기본적으로 집값 상승의 레버리지를 기대할 수 없는 여건이 조성되면서 전세보다 이율이 높은 월세 등을 통해 이자 등의 금융비용을 보전하려는 집 주인(임대인)들의 의식 변화에 기인한다. 우리나라 임대시장의 상당 부분을 책임지고 있는 사적 임대시장에서 이러한 변화는 전세제도를 월세로 전환시키는 배경으로 작용한다.

세 번째, 위와 같은 시장의 변화는 결과적으로 이전과는 다른 시장 구조의 전면적인 개편의 직접적인 배경으로 작용한다는 점이다. 즉, 전세난은 전세시장의 구조적 변화를 가속시킬 것인 반면 매매시장의 위축에 따른 집값 하락은 장기적으로 내 집 마련 수요를 감소시켜 기존 재고주택의 추가적 하락을 부추길 수 있다는 점이다. 이것은 보유주택의 상당수를 차지하고 있는 베이비 부

머들의 불안감이 커진다는 것을 의미하고 이러한 집단적 불안감
은 집단적 매도로 연결될 수 있다는 점에서 그 추이를 면밀히 관
찰할 필요가 있다. 지금 당장은 아니더라도 언제든 나타날 수 있
는 시나리오라는 점에 문제의 심각성이 있다.

전세난, 매매가 상승으로 옮겨 가나?

지금의 전세난이 매매가 상승으로 옮겨 붙을 것이라는 기대감
(?)이 소비자 대상의 설문에서 묻어난다. 최근 네이버 포털의 설문
조사 결과 전세가 상승이 매매가 상승으로 이어질 것이라는 응답
비율이 83%를 넘어섰다. 이 설문은 전세가격이 현재보다 불안할
경우 시장 상황과는 상관없는 심리적 반등에 따라 매매가 상승 쪽
으로 수치가 높아질 것으로 예상된다.

출처: http://land.naver.com/news/openForum.nhn

그러나 실제로 그럴까? 그렇지 않을 듯하다. 지금은 모멘텀이
약하다. 첫째, 유럽발 재정위기에 따른 리스크가 여전히 문제로
남아 있기 때문이다. 이것은 유로존의 여건 변화에 따라 리스크의

강도와 해소 시기가 결정될 수 있다는 점에서 우리의 '권한 밖이
다. 세계 경제 상황이 좋아질 때까지 기다려야 한다는 것이다.

둘째, 내수기반이 약하다. 물가는 오르고 실질소득은 감소했다.
여기에 1,000조 원에 이르는 가계부채는 자발적인 내수 확대를 막
는 최대의 걸림돌이다. 당연히 정부는 대출 통제를 통해 가계뿐만
아니라 우발적 채무를 통한 금융권의 부실 가능성을 경계하고 있
다. 현재의 상황을 두고 정부 부처 간 이해관계가 다를 수 있으나
거시경제 차원의 고려가 미시 차원의 주택시장 활성화보다 정책
적으로 이니셔티브를 갖고 있다.

셋째, 하우스 푸어가 다름 아닌 '나'일 수 있다는 동병상련의
동질감이 대부분의 소비자로 하여금 지금은 아니라는(쉬어갈 수밖
에 없는) 인식을 공유하게 하고 있다. 이런 상황은 집을 산다고
해도 기존 보유주택이 쉽게 팔리지 않을 것이라는 판단이 결정을
미루게 한다. 아니 현재 그런 상황이다. 바로 내 옆집, 내 선후배
의 경우가 그렇기 때문이다. 바로 이런 점에서 최근의 시장은 가
격의 변동보다는 시장 자체의 구조적인 변화를 내재하고 있다고
할 수 있다.

03
월세는 문화(Culture)다

전세시장이 최근 몇 년 동안 뜨거워지면서 정부는 없다던 대책들을 연달아 발표했다. 그러나 대책의 정책적 효과는 시장에 나타나지 않았다. 당분간 전세시장의 이러한 부침은 지속될 것으로 보인다. 이런 와중에 '포스트(post) 전세시장'에 대한 관심이 커지고 있다. 이유는 간단하다. 전세물건 감소로 촉발된 시장의 변화는 이전과는 다른 새로운 시작을 예고하고 있기 때문이다. 현재의 전세시장은 시장의 변화와 관련된 어떤 의미를 담고 있을까?

전세가격의 상승은 전세 물건의 감소를 촉발시켰다. 그에 따라 전세가격의 상승폭은 보다 커졌다. 결국 시장은 일부 전세 보증금에 월세가 혼합된 '반전세'를 만들어냈다. 전체적으로 전세가격은 하루가 다른 데 비해 매매가격은 여전히 약보합이다. 전세 구하기 힘든 김에 내 집 마련에 나서려고 보니 집값은 여전히 비싼 느낌이다. 거기에 대부분 중대형이다. 이뿐 아니다. 내가 사면 집값뿐만 아니라 올랐던 전세가격까지 떨어질 것 같은 불안심리가 팽배하다. 그만큼 전세가격의 이상급등이 여전히 납득하기 어렵고 이런 시점에서의 주택구입은 그래서 더욱더 합리적이지 않다는 생각이다. 그런데 아무것도 결정하지 않는 것 자체가 더 불안하다. 결정하지 않을 수도 없다. 경쟁자이기도 한 주변의 많은 시장 참여자들은 나름대로의 소신을 갖고 나름의 의사결정을 내린 듯 보이기 때문이다.

심리적 불안감으로 주변의 변화에 더욱 민감해진다. 홈쇼핑에서 차 파는 것을 보고 놀란 적이 있는데 이제는 전세아파트를 판다. 스마트폰도 아직 마련하지 않았는데 트위터 등의 소셜 네트워크 서비스(SNS)를 통해 공동구매가 등장했다. 스마트폰이 세상을 바꾼다고 생각했는데 우리나라에서는 전세난으로 촉발된 주택시장이 스마트폰의 활용도를 제고시키고 있는 셈이다. 이뿐 아니다. 아직은 주택이나 증권에 비해 수익률이 떨어져 외면했던 리츠(REIT's)가 오피스텔 및 도시형 생활주택을 콘텐츠로 구성하고 있다. 상황이 이렇다 보니 나름 부동산 공력을 갖추었다고 생각하는 베이비부머들로서도 젊은 친구들에게 귀동냥을 하지 않고는 요즘 돌아가는 상황을 이해하지 못할 지경이다. 현상은 이해되는데 의사결정을 위한 접근과 이해의 갭(gap)이 불안감을 키우는 상황이다.

전세난으로 촉발된 시장의 변화,
'월세'를 통한 새로운 '주 문화(住 文化)'로 진화

　전세문제로 유발된 최근의 경향을 마케팅(marketing) 용어로 풀이하면 '극히 짧은 기간 일시적으로 유행(micro-trend)하는 패션 또는 제품'을 말하는 '패드(FAD)'로 인식할 수 있다. 그러나 수급불균형에 의한 전세시장의 일시적인 변화가 아닌, 제도로서 향후 지속될 수 있는 메가 트렌드(mega-trend) 또는 문화(culture)일 수 있음이 몇 가지 상황을 통해 감지된다.

　첫째, 이전과 달리 향상된 주택보급률. 향상된 주택보급률만큼 '가격'의 추세적 상승에 한계가 있을 수밖에 없다. 둘째, 조기 퇴직한 베이비 부머들의 수익형 부동산을 통한 자산 포트폴리오 리모델링. 저금리의 지속과 외부 경제여건의 불확실성 증가 등으로 보유 금융자산을 최대한 오래 지키면서 생활비를 확보할 필요성이 크게 부각되고 있다. 셋째, '월세'의 의미. 전세에서 월세로의 변화 자체로 주택가격의 하향 안정화와 금융비용의 보전이라는 의미를 갖는다. 향후 상속 가능성을 염두에 둔 노년을 보낼 주택의 유형·입지·크기에 대한 고민, 제2의 주택 등은 새로운 선택이 아니라 불가피한 방향인 셈이다. 넷째, 남들보다 빠른 의사결정을 해야 할 것 같은 강박감으로부터 오는 불안감의 증가. 경쟁이 불가피했던 '다수의 시대'를 살아오면서 느낀 생존전략으로서의 조급함, 잘못된 결정을 피하려는 심리적 압박감 등이 변화를 재촉하고 있다. 이미 그렇게 새로운 주거 문화는 시작됐다고 봐야 한다.

'월세 상승 15년 만에 최고'에 숨은 진짜 '의미'

전세난이 계속되는 상황에서 월세의 상승세가 지속되고 있다. 지난 2월 7일 한국은행과 통계청의 소비자물가지수에 따르면 2010년을 100으로 했을 때 2011년의 월세지수는 102.6으로 전년 대비 2.6% 올랐다. 이는 1996년 3.0% 이후 가장 높은 상승률이다. 15년 만의 최고치다. 최근 몇 년간 전세난이 가중되고 이에 따라 전세가격의 상승폭이 컸으니 월세의 상승폭도 당연히 컸을 것으로 예상할 수 있다. 월세의 15년 만의 최고 상승은 주택시장에 있어 어떤, 무슨 의미일까? 어떻게 이해할 수 있을까?

월세 급등의 원인은 전세가격의 상승에 기인한다. 수치로는 최근 수도권 중심으로 전세가격의 하향세가 보이고 있음에도 실제 전세가격 자체는 낮아지지 않았다. 모 부동산정보업체에의 조사에 따르면 2012년 1월 현재 수도권 아파트의 전세금을 모두 합한 시가총액은 619조 원으로 2010년 1월(521조 원)보다 98조 원 늘었다고 밝혔다. 2년간 전세금이 24% 오른 셈이다. 지역별로는 서울이 260조 원에서 310조 원으로 50조 원, 경기도가 165조 원에서 199조 원으로 34조 원 각각 늘었다. 수도권에서 2년간 전세 시가총액이 감소한 지역은 한 곳도 없었다. 최근 지방에서의 전세가격 상승률이 서울·수도권보다 크다는 것을 감안하면 올해도 지방의 전·월세 가격은 상승이 불가피한 측면이 있을 수 있다는 대목이기도 하다.

그렇다면 작금의 월세가격 상승은 주택정책적 측면에서 어떤 시사점이 있을까? 첫째, 전세시장의 상승 가능성 속에서 월세로의 전환 속도가 빨라질 수 있음을 의미한다. 이것은 주택가격 상승 가능성이 이전보다 높지 않다는 측면에서 현재 시장에서 나타나고 있는 현상처럼 임차방식 자체가 반전세 또는 월세로의 전환이 높아질 수 있음을 시사한다.

둘째, 베이비 부머의 수익형 부동산에 대한 선호와 무관하지 않다. 자산의 약 80%를 부동산으로 보유한 베이비 부머의 은퇴는 월세형 수익형 부동산에 대한 수요 증대로 이어질 것이기 때문이다.

셋째, 인구구조의 변화로 인한 선택의 집중이다. 1인 가구의 증가는 단순히 1인 가구의 증가라는 현상에 그치지 않고 주택소비와 연계되면서 1인 가구만의 독특한 소비패턴을 만들어내고 있다. 주택가격이 지속 상승할 것이라는 믿음이 깨지면서 복합적으로 나타난 현상이기도 하다. 즉, 사두면 오를 것이라는 중형 이상의 아파트에 대한 선호가 현실적으로 역세권 중심의 주거용 오피스텔 혹은 도시형 생활주택이라는 상품에 대한 구체적인 수요로 나타나면서 이들 상품에 대한 수요의 증대로 나타나고 있다는 점이다. 이것은 베이비 부머의 수익형 부동산 취득 증가와 맞물리면서 시장에서 수요와 공급의 메커니즘에 따른 새로운 트렌드를 만들어내고 있다는 점에서 향후 주택정책의 방향 설정에도 영향을 미칠 것으로 보인다. 소비자의 주택에 대한 소비는 새로운 시장의 필요성을 역설하고 있다. 새로운 시장의 필요성과 역할을 어떻게 정책적으로 읽어 낼 수 있느냐가 향후 주택정책의 실패를 최소화할 수 있다.

04
도심회귀와 부동산 시장

　우리나라는 1970년대 이후 지난 40~50여 년 동안 산업화·도시화 시대를 겪었다. 이런 '압축성장'의 시기를 보내면서 도시는 공간적으로 원도심을 중심으로 외곽으로 확장되었다. 도시공간이 확대되면서 도심에 가깝게 입지하여 산업화 시대의 성장 동력으로 작동했던 제조업 기반 공장들은 주거지 공간으로 대체되거나 환경오염 등 기피시설이라는 눈총을 받으며 외곽으로 이전되었다. 도심의 주거지 또한 오피스 빌딩을 위시한 업무시설의 수요 증대로 인해 외곽으로 확산되었다. 기존의 것들이 빠져나간 도심은 그렇게 가장 비싸고 귀한 곳으로 성장했다. 이런 일련의 과정은 도심부 중심의 땅은 비싸고 외곽으로 나갈수록 값(가치)이 하락한다는 도시경제학에서 말하는 지대론(Bid Rent Theory)의 논리적 근거를 그대로 답습한 셈이다.

　이전과 유사하지만 전혀 새로운 현상이 최근 나타나고 있다. 이번에도 역시 도심으로부터 시작됐다. 다른 것이 있다면 방향이다. 이전에는 도심에서 외곽방향으로 도시성장축이 작동했다면 지금은 오히려 외곽에서 도심 쪽을 향하고 있다. 경쟁력이 약화된 원도심에 활력을 불어 넣기 위한 '도시재생(urban regeneration)' 관련 사업들이 그 방향성과 추진 동력을 높이고 있다.

원도심 또는 구도심에 활력이 생긴다는 것은 무엇을 의미할까? 도심의 재생이라는 것이 도시에서 생활하는 개인에게 어떤 영향을 미치기는 하는 걸까? 도심은 기반시설로서의 인프라가 기본적으로 설치된 곳이다. 그러니 활력을 불어 넣기 위한 초기비용을 절약할 수 있다. 결국 도시경쟁력도 높이면서 활력을 높일 수 있는 시설이 제대로만 입지한다면 예전의 '명성'을 다시 한번 재현할 수 있게 된다. 이를 통해 외곽으로 빠졌던 사람들이 도심으로 돌아오게 되는데 이게 바로 '도심회귀(genrtification)'이고 도심으로의 회귀를 용이하게 하면서 도시의 경쟁력까지 제고시킬 수 있는 개발 사업이 복합개발(MXD)이다. 북항 재개발이 여기에 해당되며, 센텀과 옛 시청자리, 해운대에 들어서게 될 100층 이상의 초고층건물 또한 주거와 상업 또는 오피스, 엔터테인먼트 등 2개 이상의 용도를 혼합해 복합화된다. 여기에 대중교통지향개발(TOD)은 역세권 등 대중교통수단과 바로 연계시켜 유동인구를 늘리고 상권을 키울 수 있는 장점이 있다.

결국 도시재생을 통한 성공적인 복합개발사업은 특정 개발사업의 사업성만을 높이는 게 아니라 그 지역, 나아가서는 당해 도시의 경쟁력을 제고시킴과 동시에 개인사업 또는 취업의 기회가 넓어 질 수 있다. 동시에 사업대상지 인근에 살고 있다면 인근 부동

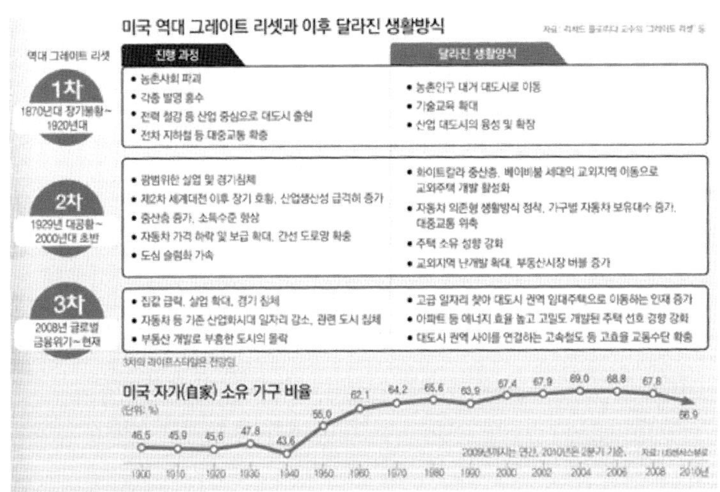

자료: 동아일보(2010.8.14일자 인터넷)

3차 그레이트 리셋(great reset)에 의한 도심회귀는 미국에서 나타나고 있는 최근의 경향(trend)이라고 할 수 있으며 주택 및 도시개발에 있어 이전과 다른 현상을 만들어내고 있다.

산가격의 상승으로 임대료 등 개인 보유 부동산 자산의 증식 효과까지 기대할 수 있다. 제대로 된 복합개발(MXD)이 도시의 경쟁력과 개인의 삶의 질까지 향상 시키는 동인이 될 수 있다는 점에서 단순한 개발사업의 하나로 취급하기에는 효과와 파장이 클 수밖에 없다. 도심회귀로서의 복합개발이 부동산개발이 아닌 '문화 콘텐츠'의 새로운 탄생이어야 하는 이유가 여기에 있다.

05
검색 상위 5위 아파트의 진실과 특징

2011년 상반기에 인터넷 포털 네이버를 통해 가장 많이 검색된 아파트는 어디일까? 그리고 어떤 이유에서일까? '검색 상위 5위' 중 1위 부산, 2위 일산, 나머지 3곳은 서울이었다. 상대적으로 보다 많이 검색됐다는 것은 보다 많은 관심을 방증한다. 비록 특정 아파트가 아니더라도 해당 지역의 아파트 시장 분위기에 대한 궁금증이 그만큼 컸음을 의미한다. 검색 상위 아파트와 시장 간에는 어떤 상관성이 있었을까?

검색 순위 1위의 '부산 명륜동 아이파크'는 6월 중에 분양, 평균 28.4:1의 청약 경쟁률을 보인 곳으로 며칠 전 92%의 계약률을 기록, 다시 한번 '부산발 훈풍'의 존재감을 보여줬다. 이곳은 재개발 아파트로 1,409세대의 대규모 단지에 지하철 역세권, 학군, 기반 및 편의시설이 갖춰진 곳이라는 평가를 받던 곳이다. 결국 분양시장의 호조 분위기와 상품의 제 특성이 적절한 시점에서 시너지를 낸 경우라고 하겠다.

검색 순위 상위 아파트

순위	아파트명
1	부산 명륜동 아이파크
2	일산 자이
3	서울숲 더샾
4	서울 반포 자이
5	서울 가락시영 아파트

출처: 네이버 부동산

검색 2위의 일산 식사지구 '자이 아파트'는 최근 전세금 급등에 따른 내 집 마련 수요가 늘면서 일부 잔여 세대에 대한 관심의 증가가 검색으로 이어진 경우다. 맞다. 기 분양 아파트다. 그러나 이 아파트 역시 4,683가구의 대단지로 초중고 등이 인접해 있고 병원 및 편의시설의 입지가 돋보이는 곳으로 평가받던 곳이다. 더욱이 최근에는 GTX개발 계획으로 개발 수혜가 예상되는 곳이기도 하다. 이런 이유로 최근 잔여세대에 한해 발코니 무료 확장 및 풀옵션, 계약금 5%와 중도금 15%만 납부하면 즉시 입주가 가능한 측면이 하반기 역시 전세난이 예상되는 상황에서 '내 집 마련'하려는 소비자들에게 어필한 경우다.

검색 3위의 서울숲 '더샾은 포스코건설이 지난 5월 분양을 개시 495가구의 계약을 받은 결과, 아파트 매매가 하락이라는 어려운 상황 속에서도 80%의 높은 계약률을 보였다. 서울지역에서 분양하는 아파트의 계약률이 최근의 여건상 어렵다는 점을 감안하더라도 높은 관심이다. 여전히 재료가 있는 곳은 예외일 수 없음을 보여준 사례라고 할 수 있다.

　검색 4위의 서울 '반포 자이'는 전셋값 상승 시점과 무관하지 않다. 신규 분양이 아닌, 즉 매매가 하락기 전세 물건으로서의 '장소성'이 소비자에게 어필한 경우다. 전세가격이 7억 5,000만 원 수준임에도 매물을 찾기가 어렵다는 점에서 하반기 서울시장의 분위기를 대충 읽을 수 있다. 서초구의 전셋값 상승을 리딩하고 있다는 점에서 가격 상승의 반전이 시작되면 매매가 상승으로 이어질 가능성이 높다 하겠다. 그러나 이 역시 단지 안에 초·중학교가 있고, 단지 맞은편에 학원가도 형성되어 있으며 입주민 카드만 있으면 사우나와 수영장, 피트니스 센터, 실내골프장 등 모든 편

가락동 농수산물시장 바로 옆에 위치한 가락 시영아파트. 아파트 가격 하락기에도 7천 세대의 대규모 재건축 대상 아파트라는 점에서 주목받고 있다. 시세가 다소 떨어졌음에도 문정동 가든파이브, 법조타운 등이 재료로 작용하고 있다(항공사진: 네이버 지도).

의시설을 이용할 수 있다는 점 역시 강점으로 작용하고 있다.

검색 5순위를 차지한 서울 가락시영 아파트는 재건축 대상아파트다. 현재 2종 일반주거지역이며 재건축 시 지상 25층 규모의 7,106가구로 재건축될 예정이다. 여기에 3종 일반주거지역으로의 업조닝(up-zoning, 용도상향)이 되면 상한 용적률이 265%에서 최대 299%까지 늘어나 797가구가 증가한 8,903가구까지 가능하다. 여기에 송파경찰서, 국립경찰병원 등이 있고 문정동 가든파이브, 법조타운과 함께 가락시장 리모델링과 잠실의 제2롯데월드 등도 재료로 작용하고 있다.

검색 상위 아파트… 대규모 단지, 학군, 역세권, 개발 재료 그리고 이슈 그리고 지방

검색 상위 아파트와 시장 여건을 견주어 풀어보면 다음과 같은 시사점을 얻을 수 있다. 첫째, 대규모 단지라는 점이다. 대규모 단지는 여러 가지로 이점이 있다. 가격을 리딩하며 하락 시기에 가격 하락폭도 적다. 뿐만 아니라 주변에 학교, 관공서 및 편의시설의 입지가 양호한 측면이 있다. 거기에 상대적으로 관리비도 저렴하다. 둘째, 양호한 학군과 역세권이다. 여전히 교육은 중차대한 문제다. 그런 이유로 학교도 중요하지만 주변에 양호한 수준의 학원가로 형성되어 있다. 거기에 역세권이라는 이점도 있다. 현실적으로 내 집 마련에 있어 고려할 수밖에 없는 문제라는 점에서 앞으로도 중요한 고려 요소라고 할 수 있다. 셋째, 개발재료는 당해 아파트의 향후 가격 상승과 직결된다. 그런 이유에서 소비자 나름의 안목이라는 점에서 이것저것을 고려하는 소비자 입장에서는 간과할 수 없는 사항이다. 학습된 소비자의 선택이라는 점에서 개발 재료는 중요한 평가 기준임에 틀림없다. 넷째, 이슈(issue)이다. 이슈는 당해 아파트의 상품성 자체로도 가능하지만 시장의 분위기와 여론이 합치되면서 시너지를 낼 수 있다. 따라서 이슈는 결국 타이밍(timing)이다. 분양 환경은 다소 불확실하지만 대규모 단지에 학군이 좋고 역세권이면서 편의시설 이용까지 양호하다면 성공적인 타이밍의 결정은 무엇보다 중요한 판단기준이다. 아파트 매매가 하락기에 있음에도 베이비 부머 대상의 대체 수요자를 겨냥한 세대분리 평면의 적용 아파트는 일반 아파트에 비해 상대적으로 양호한 분양 성적을 기록할 수 있다. 시장에 부합한 상품의 성공적인 타이밍은 '이슈'일 수 있다는 점에서 중요한 요소임에 분명하다.

검색 상위 아파트의 지역적 특징 또한 의미 있는 시사점을 주기에 충분하다. 상위 아파트 가운데 4곳은 서울 및 수도권인 반면 1위를 차지한 한 곳은 부산이다. 분양시장 여건이 좋은 부산의 경우 신규 분양 아파트가 상위를 차지했다. 반면에 아파트 매매가격이 하락 또는 정체되고 있는 서울 및 수도권의 경우에는 신규 분양 아파트의 시세 상승에 대한 반감과 전세가 상승의 여파로 단지 여건 등이 양호한 일부 특별 분양 아파트와, 입주가 마무리 단계에 있는 대규모 단지의 전세 물건에 대한 관심이 지배적이었다.

검색 상위 자체가 의미가 있다고는 할 수 없다. 그럼에도 소비자들에게 관심의 대상이 된다는 것은 가격 하락기 또는 안정화된 주택시장에서 개별적인 상품으로서의 강점일 수 있다. 다만 시장(market)은 변한다는 점에서 검색 대상 역시 변할 수 있다. 따라서 전셋값의 지속 상승으로 전세시장의 향배가 하반기 시장을 주도할 것이라는 맥락에서 아파트 중심 시장에서 나타난 단면이자 한계라고 할 수 있다.

06
겨울철 전기 먹는 하마가 집?

요즘 겨울이면 추위가 유난히 심하다. 삼한사온은 없어진 지 오래다. 매년 겨울, 여름이 아님에도 예비 전력량을 걱정한다. 겨울철 전력 사용량이 예년 여름보다 많다고 한다. 그 원인으로 주상복합건물의 증가에 따른 시스템 냉온난방기의 공급과, 개인용 전열기의 증가 등이 지목됐다. 그러나 환경변화의 속도 탓인지 앞으로도 이상기온이 빈번할 것이라는 점에서 겨울철 전력난은 올해만의 문제가 아닐 듯싶다. 결국 춥게 지내지 않기 위해서 불을 많이 지펴야 한다는 얘기고 그만큼 난방비 지출을 걱정해야 한다. 국가적으로도 그만큼 에너지 소비가 늘어 원유 수입량이 많아지는, 결국 춥지 않은 겨울을 위해 각자의 주머니돈이 지출되어야 한다는 것을 의미한다.

국내 에너지 소비는 산업부문에서 절반 이상을 점유하지만 주택과 공공건물 등 건물도 약 24%를 차지한다. 특히 이 가운데서 주택이 54%를 차지한다. 주택보급률이 2008년 말 현재 99.6%인 것을 감안하면 지역에 따라 차이는 있겠지만 추가적인 주택 공급이 증가할 것이라는 점에서 주택을 포함한 건물의 전력 사용량은 지속적으로 늘 것으로 예상된다. 여기에 추위와 더위를 피해 '삶의 질'을 올리고자 하는 각자의 욕심이 조금씩 많아지면 많아질수록 전력 소비의 증가는 불 보듯 훤하다. 그런 까닭인지 주택가격 오름세가 주춤한 요즘에는 가격 상승여력이 있으면서 관리비까지 저렴한 주택을 찾는 실속파 수요자들이 늘고 있는 추세다.

주택가격 안정을 위해 주택공급은 다소 늘지언정 오히려 전력 사용량을 줄일 수 있는 방법은 없을까? 물론 있다. 주택을 포함한 건물의 유리와 창호만 단열재로 바꿔도 열손실을 약 56%까지 줄일 수 있다. 일반주택의 경우 전체 열손실의 30~45%가 창을 통해 빠져나간다. 그러나 창호만 교환하는 것으로는 한계가 있다. 열손실을 막으면서 아예 에너지 소비를 최소화하는 주택을 개발하는 것이 보다 나은 상책이다. 그런 점에서 친환경주택인 '그린홈'이 주목받고 있다. 그린홈의 개발 및 건설은 전력을 포함한 에너지 절약과 이산화탄소 배출량 감소라는 측면에서 국가적 사업의 하나로 추진되고 있다. 그린홈은 한마디로 친환경주택을 말한다. 원칙도 세웠다. 앞으로 20가구 이상 지어지는 아파트는 총 에너지의 10~15% 이상을 절감할 수 있는 친환경주택으로 설계해야 한다. 1차적으로 단열·창호·난방 등 건축물의 에너지효율화를 달성하는 데 있지만, 단계적으로는 태양광·태양열·지열 등 신재생에너지를 활용한 에너지 생산기법을 적용해 궁극적으로는 "에너지 제로 주택(energy net zero house)"을 만든다는 것이 정부의 계획이다.

전력을 포함한 에너지 총량을 줄일 수 있는 그린홈의 공급 물량도 정했다. 신규 그린홈 100만 호와 기존주택 그린홈 100만 호 공급이 그것이다. 보금자리주택을 통한 그린홈 100만 호 공급을 목표로 제로에너지 주택을 단계적으로 도입할 예정이다. 2012년까지 25% 에너지절감형 그린홈 32만 5,000호, 2015년까지 40% 이상 에너지 절감 그린홈 30만 호, 2018년까지 70% 이상 에너지절감 그린홈 37만 5,000호를 공급할 계획이다. 기존주택의 경우는 저탄소 주택으로 전환할 경우 개량비의 일정부분을 보조하여 전환을 촉진하고 영구임대주택 및 지방도시의 재고주택 전환을 우선 지원하는 등 기존주택 100만 호를 그린홈화 리모델링 사업의 형태로 지원할 예정이다. 또한 기존주택의 그린홈화를 제고하기 위해 에너지효율화를 위한 리모델링을 시행할 경우 용적률과 높이제한 등의 주택기준을 완화하는 등 자발적인 참여를 유도할 계획이다.

바야흐로 전기 먹는 주택에서 전기 안 먹는 주택으로, 궁극적으로는 소비되는 전기를 오히려 보존하는 에너지 보존형(passive)과 생산하는 에너지 창출형(active) 주택 쪽으로 주택건설의 패러다임이 바뀌고 있다. 결국 소비자 입장에서도 2000년대 초반과 같이 큰 폭의 집값 상승이 기대되지 않는다면 관리비가 조금이라도 덜 드는 주택을 선호할 수밖에 없을 듯하다. 특히 주택가격 앙등이 서울·수도권에 비해 비탄력적인 지방의 경우 더할 나위 없는 선택이라는 측면에서 오히려 지방 기존주택의 그린홈화를 위한 정책적 지원을 획기적으로 확대할 필요가 있다. 그것은 개발이익이 현저히 줄어들어 사업화가 쉽지 않은 지방의 재개발을 효과적으로 제어할 수 있을 뿐만 아니라 재정착률 때문에 고민하지 않으면 서도 주거환경을 개선할 수 있고 더불어 에너지 소비까지 줄일 수 있다는 측면에서 그린홈화의 정책목표에 정확히 부합한다. 한 푼의 전기값이라도 아끼고 싶은 서민들의 주머니 속사정과도 정확히 맞아떨어지기 때문이다. 정부의 획기적이면서도 확고한 정책 추진을 기대한다.

07

1인 가구의 증가와 수익형 부동산 시장

가구 증가가 만드는 수요, 수익형 부동산 시장

최근 주택시장은 정중동이다. 아니 오히려 개점휴업 상태라는 표현이 어울릴 듯하다. 이러한 시장 상황과는 달리 사람들이 관심을 갖는 부동산 상품이 있다. 바로 수익형 부동산이 그것이다. 무엇 때문에 수익형 부동산에 대한 관심이 커질까? 관심이 커지는 배경에는 1인 가구의 증가가 있다. 1인 가구의 증가가 만들어가는 수익형 부동산 시장은 어떻게 형성되고 있고, 이러한 상품에 관심을 갖는 사람들은 누구이며, 실제 구매를 하는 사람들은 어떤 사람들일까? 그리고 어떻게, 어떤 상품으로 구성되어야 할까?

통계청에 따르면 현재 1인 가구는 전체 가구 가운데 25.3%를 차지한다. 1990년에는 9%였다. 전체 가구 중 4분의 1이 혼자 사는 것으로 나타났다. 세계에서 최고 빠른 속도다. 인구고령화와 만혼 등으로 20년 후에는 1인 가구 비중이 34%를 넘어설 것으로 예상되고 있다. 1인 가구와 2인 가구를 합치면 전체 가구의 50%를 넘는 수치다. 이런 때문일까? 전용면적 60㎡ 이하 소형주택의 준공 실적이, 국민주택 규모로 불리는 60~85㎡ 사이 중소형 주택을 앞 지른 것으로 나타났다. 60㎡ 이하 소형주택의 경우 지난 2010년 10만 5천 가구에서 2011년 13만 5천 가구로 28%나 늘어났다. 반면 60~85㎡ 사이 국민주택은 11만 가구에서 10만 1천 가구로 오히 려 8% 줄어든 것으로 조사됐다. 이뿐 아니다. 서울보다 부산의 소 형주택 증가세가 가파르다. 소형 평형의 증가율을 지역별로 보면, 부산이 가장 높아 200% 넘게 소형 평형이 늘었고, 서울도 110% 넘게 증가한 것으로 나타났다. 최근 2~3년 동안 부산을 위시한 경남지역에서 분양된 아파트의 80~90% 이상이 85㎡ 이하의 주 택들이다. 이렇게 분양 주택규모가 줄어든 것은 세계경제의 불확 실성의 증가 등 경기 침체에다 가계 부채의 증가와 실질소득의 감 소 등으로, 큰 집을 보유하는 데 대한 부담감이 높아졌기 때문이다. 여기에 출산율 저하 등에 따라 세대당 평균 가구원 수가 줄면서 소 형주택을 선호하는 수요가 늘고 있는 까닭이다. 실제로 통계청 조 사에 따르면 2010년 평균 가구원 수는 2.69명으로 2005년 2.99명보다 0.3명 줄었다. 또 전국 약 1천7백 만 가구 가운데, 70%가 1인 내지 3인 가구에 속하는 것으로 나타났다.

공급주택의 규모가 작아진 것만이 아니다. 공급되는 소형 주택 의 형태 또한 작은 소형아파트에서 오피스텔, 도시형생활주택에 이어 2~3인 거주가 가능한 하우스텔(하우스+오피스텔) 등 그 형 태가 다양해지고 있다. 이전의 오피스텔(오피스+호텔)이 학생, 직장인 등 1인 가구를 위한 주거공간이었다면 최근에는 신혼부부나 은퇴가구 등 2~3명이 살 수 있도록 설계된 오피스텔 공급이 늘어나고 있는데 이런 설계의 오피스텔을 일컬어 하우스텔이라고 부른다. 하우스와 오피스텔의 합성어로 오피스텔을 소형 아파트처럼 사용할 수 있도록 주거기능을 강화한 것이 특징이다. 이렇듯 주거용 오피스텔이 공급된 배경에는 전용면적 85㎡ 이하까지는 바닥난방이 허용된 것이 주효하기도 했다. 원룸에 비해 비교적 큰 면적에 생활공간도 용도별로 분리돼 있고, 빌트인 가전, 가구는 물론 욕조도 설치되어 있다.

그렇다면 수익형 부동산 시장은 어떻게 형성되고 있을까에 대한 대답은 간단하다. 그야말로 수익을 낼 수 있는 부동산 상품은 바로 1~2인 또는 3인 이하의 소규모 가구에 의해 형성된다. 그렇다면 이러한 상품에 관심을 갖는 사람들은 누구일까? 그것은 그 상품을 사서 운영하는 사람과 이용하는 사람으로 양분된다. 수익형 부동산을 운영하는 사람들은 다름 아니라 다주택자들로서의 베이비 부머가 이에 해당된다. 또는 자신의 자산규모를 줄여 이런 상품에 거주하면서 나머지 자산을 이러한 수익형 부동산에 투자하고 있는 베이비 부머 역시 여기에 해당된다. 베이비 부머는 수익형 부동산에 대한 수요자이면서 실제 자산으로 운영하고 있는 사람이기도 하다는 점에서 향후 부동산 상품개발 및 마케팅 차원에서 의미하는 바가 크다고 할 수 있다.

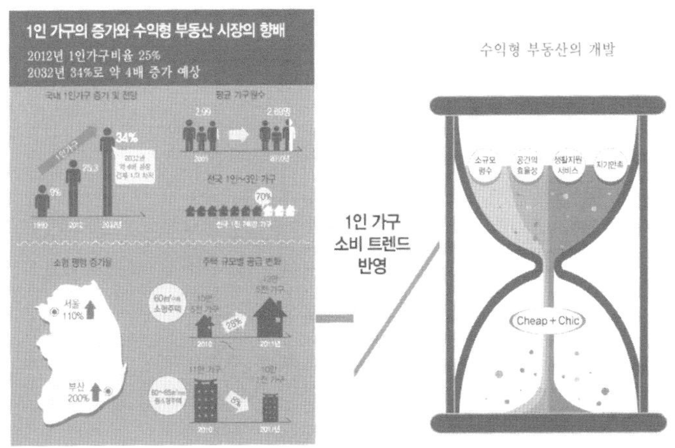

자료: 부동산114

1인 가구의 증가, 수익형 부동산 시장의 방향을 결정

1인 가구의 증가만이 수익형 부동산 시장을 활성화시키는 동인으로 작용하는 것은 아니다. 그러나 이들의 선택은 중요하다. 이들이 선택한 상품은 뜨고 그렇지 못한 상품은 그 반대의 결과를 초래할 것이기 때문이다. 이들은 무엇을 원할까? 이들의 주(住) 요구는 무엇일까? SERI에서 발표한 자료에 따르면 1인 가구의 증가는 세계적인 추세이며, 이들은 다음의 4가지 소비 트렌드를 갖는다고 정리하고 있다. 첫째, 소형이다. 그러나 크기는 작지만 성능은 유지되는 상품을 원한다. 바로 칩―시크(cheap-chic)한 상품이다. 가격은 저렴한 B급이지만, 상대적으로 성능은 A급인 그런 상품을 말한다. 둘째, 효율이다. 제한된 주거 공간을 효율적으로 사용할 수 있는 시스템 가구, 빌트인 가전, 멀티제품의 보급으로 설명된다. 주거상품으로는 주거에 필요한 대부분의 가구 등이 설치되고 다양한 주거서비스가 제공되는 서비스드 레지덴셜(serviced residential)이 이에 해당된다. 셋째, 안전이다. 신체적으로 정서적으로 안정이 포인트다. 1인 가구 특화 방법 서비스, 1인 가구 생활지원 서비스, 노후를 대비한 연금형 금융상품, 1인 네트워크 서비스가 가능한 SNS가 대표적이다. 넷째, '나'이다. 자기가치 제고와 여가 향유로서의 자기 투자이다. 건강, 미용, 여가, 학습에 대한 지출로서 고가의 카메라나 자전거 등 기호품 구매에 대한 2인 이상 가구와의 상대적 구매력 우위가 그것을 보여준다.

1인 가구가 선호하는 주거상품은 바로 칩-시크한 서비스드 레지덴셜 형태의 오피스텔, 또는 하우스텔 등이 해당한다고 할 수 있다. 상품으로서의 성패는 이러한 상품을 얼마나 저렴하게 그리고 도심 역세권에 가깝게 공급하느냐가 관건이다. 그렇지 않을 경우 상품 가치는 하락하고 수익률은 떨어진다. 상품 가치가 떨어질수록 수익형 부동산이 아닐 수 있다는 점에서 1인 가구의 증가는 새로운 상품 개발을 통해 새로운 공급 주체로서의 업체와 업역이 만들어질 수 있다는 이유로 저성장 기조가 굳어지고 있고, 신규 수요 창출이 한계에 달한 현재의 상황을 타개할 새로운 국면이라는 점에서는 새로운 도전이기도 하다.

08
매매가보다 비싼 전세가, 역전 가능한가?

전세가격 왜 오르나? …
매매가격 하락 기대감 따른 대기수요 증가 탓?

매매가격은 떨어지는데 전세가격은 지속적으로 상승하고 있다. 이에 따라 서울, 경기, 인천 등 수도권 아파트의 전세 시가총액은 2012년 말 720조 6,352억 원으로, 글로벌 금융위기가 발생하기 직전인 2008년 8월(472조 8,530억 원)보다 247조 7,822억 원(52.4%) 증가한 것으로 부동산114 집계결과 나타났다. 반면 수도권의 아파트 매매가 시가총액은 2012년 말 1,356조 1,838억 원으로, 같은 기간 63조 7,782억 원(4.9%) 늘어나는 데 그쳤다. 지난 4년 반 동안 수도권의 아파트 전셋값이 매매가의 3.9배에 달하는 수준으로 증가했다. 전세 시가총액이 큰 폭으로 증가한 것은 2009년부터 전셋값이 지속적으로 상승했기 때문이다. 아파트값이 2008년 8월 최고점을 찍고 하락세로 돌아서자 수요가 전세로 집중되면서 전셋값이 고공행진을 하고 있다. 매매가격 하락에 따른 기대감이 전세수요의 증가로 나타난 결과라고 할 수 있다. 또한 세계경제의 불확

실성이 제거되지 않은 상태에서 내수 부진에 따른, 매매 수요 급
감에 따른 당연한 결과라고도 예상할 수 있다. 그러나 실상은 이
것만이 아니다. 단순히 가격 하락 기대감 또는 수요 급감에 따른
결과가 아니라는 뜻이다. 그렇다면 전세가격이 오르는 진짜 이유
는 무엇일까? 전세가격 상승 배경에는 무엇이 있을까?

집값 하락에 대한 기대감의 반영으로 매매 수요가 감소하니 전
세 수요가 증가한다. 전세 수요가 증가하니 전셋값 상승이 불가피
하다. 이것이 표면적인 전셋값 상승의 배경이자, 팩트다. 그렇지만
이게 다가 아니다. 예를 들어, 부동산114의 조사에 따르면 2012년
서울 27개 지역 원룸(월세기준) 1,056가구의 경우 평균 보증금
1,307만 원에 월세 54만 원으로 나타났다. 이것을 전세금으로 환
산한 원룸 전세가격은 대략 6,700만 원에 달한다. 이는 대졸 신입
사원 평균초임(2,500만 원)을 기준으로 2년 6개월분에 해당하는
금액이다. 월급 2년 6개월치를 꼬박 모아야 원룸의 전세금을 마련
할 수 있다면 사회 초년 샐러리맨에게는 큰 부담일 수밖에 없다.
위의 조사 내용을 '서울지역의 원룸 전세금은 사회 초년 샐러리맨
들이 부담하기 높은 수준'이라고만 정리하면 시장 상황을 팩트로
만 이해하는 수준에 그친다. 위의 내용에서 전월세 전환율, 원룸,
수익형 부동산, 에코세대, 베이비 부머 등의 키워드 가운데 2개 이
상을 연상했다면 시장 흐름에 대한 관심도가 높은 편이라고 할 수
있고, 3개 이상 연상했다면 시장을 제대로 파악하고 있다고 할 수
있다. 현재 전셋값 상승 배경에는 매매값 하락 가능성보다는 전세

물건보다 월세 물건이 많다는 데 있다. 여기에 전셋값 상승의 메커니즘이 있다. 전세물건의 감소가 바로 전세가격 상승의 주원인인 셈이다.

매매가 대비 전세가율의 역전 가능한가? …
전세 선호가 전세 물건 부족 부추겨

이유야 어쨌든 최근 나타나고 있는 월세 물건의 증가는 우리나라 부동산 임대시장이 전세 중심에서 월세 중심으로 바뀌고 있음을 보여준다. 모 경제연구소가 최근 발표한 '국내 주택 임대시장 변화'라는 제목의 보고서에 따르면 전체 주택 거주 유형 중 전세가 차지하는 비중은 1995년 29.7%에서 2010년 21.7%로 8% 낮아진 반면 월세 비중은 같은 기간 14.5%에서 21.4%로 6.9% 상승한 것으로 나타났다. 또 보고서에 따르면 전월세 전환율(전세가격 대비 월세가격)이 2000년 이후 지속적으로 낮아지고 있음을 언급하고 이것은 월세가격은 싸지고 전세가격은 비싸졌다는 의미라고 분석했다. 이 같은 결과 주택 임대차 시장에서 월세가 차지하는 비중은 1995년 34.4%에서 2010년 49.7%로 급증했다. 임대시장의 변화는 보다 뚜렷한 특징을 보인다. 전세주택 점유비는 1995년 이후 꾸준한 하락 추세를 보이다 2010년 들어 소폭 상승하는 모습을 보이고 있다. 반면 월세시장 점유비는 1995년(14.5%) 이후 지속적으로 증가해 2010년(21.4%)에는 전세 점유비(21.7%)와 비슷한 수준까지 증가했다. 임대차시장에서 월세가 차지하는 비중은 1995년

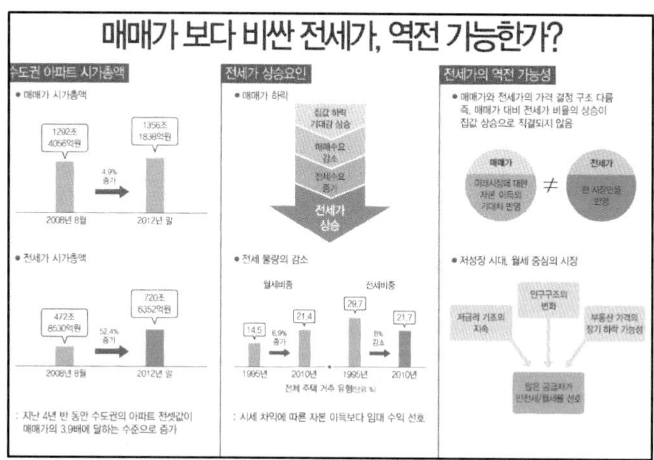

자료: 부동산114

34.4%에서 2010년에는 49.7%까지 상승했다.

이뿐 아니다. 매매가 대비 전세가 비율의 상승이 집값 상승으로 직결된다고 보기 어렵다는 연구결과 역시 앞으로 월세 중심의 시장 구조가 보편화될 것임을 암시한다. 전세금과 매매가가 디커플링(de-coupling, 탈동조화) 현상을 보이는 이유는 가격 결정 구조가 다르기 때문이라는 지적이다. 집값이 오를 것이란 기대가 전혀 없다면 전세금이 매매가보다 더 높을 수 있다는 언급인 셈이다. 이는 전세가는 현 시장상황만을 반영하지만 매매가는 미래 시장에 대한 자본이득(capital gain)의 기대치를 반영한다는 점에서 차이가 있다는 뜻이다.

그렇다면 임대구조가 전세 중심에서 월세로 바뀌는 이유는 무엇으로 설명할 수 있을까? 시세차익에 따른 자본이득(capital gain)보다는 임대수익(income gain)을 선호하기 때문이다. 바로 원룸, 소형 오피스텔 등의 수익형 부동산을 통한 임대수익에 대한 선호가 임대구조를 전세에서 월세로 바꾸고 있다. 여기에 노후 생활비 마련을 위한 베이비 부머의 수익형 부동산에 대한 투자가 맞물린다. 베이비 부머는 본인의 부동산 자산을 다운 사이징(down-sizing) 등을 통해 수익형 부동산에 투자해 월세를 받고 사회생활을 시작했거나 시작하는 자녀 세대인 에코세대는 전세보증금 마련 및 전세 물건의 부족에 따라 월세의 원룸 등을 소비하는 소비계층으로 구분되어 전환기의 시장에서 공급자와 소비자로 만나 새로운 트렌드를 만들어가고 있다.

매매가보다 비싼 전세는 이제 언제, 어디부터 시작되느냐의 문제이지, 절대 나올 수 없는 상황이란 것은 없다. 이제는 저성장시대이고, 전세보다 월세 중심의 시장이기 때문이다. 저금리 기조의 지속, 인구구조의 변화, 부동산가격의 장기적인 하락 가능성 등은 이미 사적 민간임대시장에서 더 많은 공급자가 전세보다는 반전세, 반전세보다는 월세를 선호하는 쪽으로 시장을 변화시켰다. 지금 시장에서 나타나는 이전과 다른 양태의 변화들은 갑작스러운 현상이라기보다는 이미 그렇게 예정된 전환기 시장의 특징 또는 변화된 시장이 만든 결과들이라고 할 수 있다. 시장은 변화를 이미 잉태했다.

09

미래 여가 트렌드와 주택시장

M4 미래 트렌드… 부동산 시장에 미치는 영향

미래 여가 트렌드와 주택시장은 연관성이 있을까? 결론부터 얘기하자면 '그렇다'. 대한상공회의소는 '여가산업의 미래 트렌드와 대응과제' 보고서를 통해 미래 여가시장 트렌드로 대자연(Mother nature), 모바일(Mobile), 몰링(Malling), 해양(Marine) 등 'M4'를 제시하고 있다. 세계 경제의 불확실성이 높아지고 국내 내수가 불안한 작금이지만, 국민소득 2만 달러 시대에 접어들었고 여기에 노동시장의 단축과 고령화로 인해 여가시간이 늘어난 것 등이 여가 시장과 관련 산업 발전을 촉발시키는 동인으로 작용하고 있다.

그렇다면 미래 여가 트렌드와 주택시장은 어떻게 관련될 수 있을까? 이것은 미래 여가 트렌드로 제시되고 있는 'M4'와 직·간접적으로 연관된다. 먼저, 대자연으로 해석되는 'Mother nature'와 관련해서는 주5일제 근무의 확산과 이에 따른 가족단위 체험활동의 증가로 등산과 캠핑이 늘고 있는 것과 무관하지 않다. 올해 등산

인구 2,000만 명 시대가 개막되는 등 아웃도어 매출이 신기록을 경신하고 있고, 캠핑시장도 최근 2년간 3배가량 늘어나는 것과 직접 연관된다. 이러한 대자연에 대한 선호는 제2의 주택으로 대자연에 가까운 전원주택을 선택하는 사람들이 늘고 있으며, 이러한 전원주택이 최근 은퇴 이후 베이비 부머 등에게 선호되고 있는 수익형 부동산으로 변모한다는 점에서 향후 전원주택에 대한 선호와 증가 추이가 주목된다.

도시, 산, 바다로 향하는 미래 트렌드

더욱이 도심 속 '몰링(Malling)'은 새로운 여가 풍속도라는 점에서 눈여겨봐야 할 하나의 도시 문화다. '몰링'은 '복합쇼핑몰을 통해 쇼핑과 다양한 문화 체험을 동시에 즐기는 소비 형태로 복합쇼핑몰에서 쇼핑뿐만 아니라 여가도 즐기는 소비 형태를 지칭'하는 용어다. 최근 도시재생의 일환으로 추진되고 있는 도시 내 복합개발 사례 등을 통해 소개되고 있는 U.E.C.(Urban Entertainment Center, 도시위락시설) 등이 이러한 몰링을 확대·확산시키고 있다. 도시의 인구가 감소하면서 기존 구도심에 대한 도심 활성화의 필요성이 커지고 있다는 점에서 몰링은 '대자연'의 삼림욕 등을 통한 '힐링(healing, 치유)'과 같은 정도의 관심이 예상된다.

해양(Marine)과 관련된 여가 서비스 수준은 우리나라의 경우 아직 초보적이다. 그러나 성장 가능성은 오히려 그만큼 더 크다고 할 수 있다. 상기 보고서는 해양 부문에서만 2015년까지 3만 개의 일자리가 만들어질 것으로 예상하고 있는데 이는 어느 정도 가능한 수치이다. 국토해양부는 2020년까지 전국에 40여 개 마리나 항만을 조성한다는 로드맵을 진행하고 있다. 이미 개발이 끝난 곳은 부산 수영만을 포함해 15개 곳이고, 개발 중인 곳은 전남 함평 등 5개, 사업계획이 진행되는 곳은 제부마리나 등 27개 곳이다. 마리나가 조성되는 인근은 바다를 배경으로 요트가 정박해 있는 좋은 경관을 만들어낸다. 좋은 경관은 좋은 주거지가 될 수 있는 '충분조건'이 된다. 부산 요트경기장의 경우 현재 리모델링이 진행되고 있다. 그 옆의 아파트 등의 주거지는 이미 경관가치가 프리미엄으로 붙어 있다. 마리나 역시 주택시장과 무관하지 않다는 준거다. 주택시장의 니치마켓(niche market, 틈새시장)은 이렇듯 미래의 여가 트렌드에도 숨어 있다.

10

미국의 도시 만들기와 주택시장:
워커블 어버니즘(Walkable Urbanism)

미국의 도시 만들기, 주택가격의 하락이 부추기다

최근 '마을 만들기'가 대세다. 결국 고성장시대의 빠른 속도가 문제였을까? 너무 빠르고 급하게 이룩한 것들에 대한 반성과 새로운 모색이라는 측면에서 현재의 '마을 만들기'는 불가피한 선택이 아니라 자연스러운 이행이라고 할 수 있다. 그럼에도 기존 문제에 대한 대안적 검토와 시도라기보다는 전향적이거나 전격적인 결정과 시행이라는 점에서 정치적 지향이 되고 있다는 지적을 받기도 한다. 이유야 어쨌든 도시 만들기 차원에서 시도되고 있는 우리의 '마을 만들기'는 글로벌 트렌드의 범주 안에서 추진되고 있는 거스를 수 없는 옳은 방향이라는 점에는 이견이 없다.

글로벌 트렌드라고 할 수 있는 미국의 '보행자 중심의 도시 만들기(walkable urbanism)'가 출현하게 된 배경에 최근 3년여 간 주택시장의 가격 하락이 영향을 미쳤다는 점에서 우리의 마을 만들기와 관련해서도 유용한 시사점을 줄 수 있다. 미국 주택시장의 붕괴와 보행자 중심의 도시 만들기는 어떤 연관성이 있으며, 우리에게 어떤 시사점을 줄 수 있을까? 미국 주택시장의 붕괴, 즉 가격 하락으로 인한 자산가치의 감소는 도시 교외지역의 주택공급 과잉과 지나친 자동차 의존이 빚은 결과라고 할 수 있다. 반대로 직주근접으로서의 보행자 중심의 도시 공간 내 주택 가치의 유지는 역설적으로 '보행자 중심의 도시 만들기'를 출현시킨 배경으로 작용했다고 할 수 있다.

미국의 경우 1960년대부터 교외지역의 주택가격이 도시지역의 주택가격을 앞서기 시작했다. 그렇게 교외지역의 주택가격은 그 이후 도시지역의 주택가격을 상당 수준 앞서 왔다. 그러나 2010년대 보행자 중심의 도시 만들기는 결과적으로 2000년대 교외지역의 주택가격이 도시 중심지역보다 25~50% 정도 높았던 수준을 역전시키는 배경으로 작용한다. 보행자 중심의 도시 만들기는 오히려 교외의 하이엔드 지역보다 50~70% 정도 가격이 오르는 데 기여했다. 보행자 중심의 도시 만들기가 양호한 교외지역의 주택 가격을 압도하기에는 다음과 같은 변화가 주효했다.

첫째, 기존 도시 인프라 및 수요 기반의 부각이다. 도시는 인구, 교육 및 문화, 스포츠 시설이 집중되어 있으며 수익 창출이 용이한 레스토랑, 리테일 숍, 문화 이벤트 등이 보행 범위 내에 있다. 이러한 여건이 구도심 활성화 차원의 각종 개발 사업 및 보행 환경의 개선을 통해 다시금 부각되기 시작한 것이다. 둘째, 기존 도심뿐만 아니라 교외지역의 도시화된 도심 또한 보행자 중심 도시 공간으로 변모하고 있다. 기존 도심의 상업시설의 부활을 통해 중심성이 살아나고 있지만 워싱턴 보행자 중심 도시 만들기의 약 70%는 교외지역(예를 들면, Ballston, Clarendon, Crystal City, Reston Town Center 등) 중심에 위치한다. 셋째, 대중교통 이용의 편리성이다. 워싱턴 내 주요 35개 보행 중심 도시의 90%는 전철을 통한 교통 이용이 가능하다. 나머지 10% 지역도 향후 5년 내 전철 이용이 가능해질 전망이다. 그만큼 대중교통이 용이하며 이러한 전철역 주변에 민간 자본 투자가 진행 중에 있어 소위 역세권은 더욱 활성화될 것으로 예상된다. 이것은 지방정부의 투자재원 부족에 따른 역세권 개발의 한계를 민간 자본이 대체할 수 있다는 측면에서 기존 도심으로의 인구 유입 등 재도시화(re-urbanization)를 촉진하는 배경으로 작용할 소지가 크다고 할 수 있다. 실제로 워싱턴 북동쪽 New York Avenue Metrorail 역을 민간 자본이 개통했는데 이 노선은 결과적으로 White Flint(메릴랜드)의 도시화를 촉진시키는 데 기여했다. 넷째, 보행자 중심 도시개발의 긍정적 효과이다. 승용차를 중심으로 한 교외지역으로의 확산이 오히려 생활의 질을 떨어뜨린다는 사실에 대해 많은 사람들이 공감함에 따라, 보행자 중심의 도시개발이 오히려 개발 밀도를 높여 직주근접을 용이하게 하고, 리테일 숍, 교통 환승 등 생활의 질을 높이며, 부동산 가치를 상승시킬 수 있을 것으로 기대된다.

도시 만들기, 성공사례보다 실패사례 많아

보행자 중심의 도시 만들기가 도깨비 방망이는 아니다. 모든 기존 도심을 활성화시키는 데 보행자 중심의 도시개발이 효과적이지는 않다. 오히려 대중교통 중심의 역세권 개발은 지방정부의 과도한 투자를 유발시켜 재정을 악화시키는 요인으로 작용할 수도 있다. 실제로 LA는 교외지역으로 전철 환승시스템을 확대 개통시키면서 지나치게 많은 지역에 보행자 위주의 도시 만들기를 전개하여 지방부채가 세수입의 56%를 차지하는 등의 부작용을 유발시켰다. 따라서 선별적이면서도 선택적인 보행자 중심의 도시 만들기가 시도되어야 한다. LA·워싱턴을 비롯한 많은 도시의 도시 만들기 실패사례는 우리의, 우리 식의 마을 만들기 또는 도시 만들기에 있어 반면교사가 될 것이다. 미국의 보행자 중심의 도시 만들기 배경에 주택가격의 하락이 영향을 미친 것처럼 잘못된 도시 만들기 역시 무도하고 과도한 부동산 투기를 유발시켜 더 없이 나쁜 악순환을 만들어낼 수 있기 때문이다. 또한 도시(마을) 만들기 역시 또 다른 의미의 개발이라는 점에서 전혀 문제가 없는 무결점의 해결책이 아니라는 측면에서 더욱 그러하다.

II
주택을 '읽다':
주택의 사회학

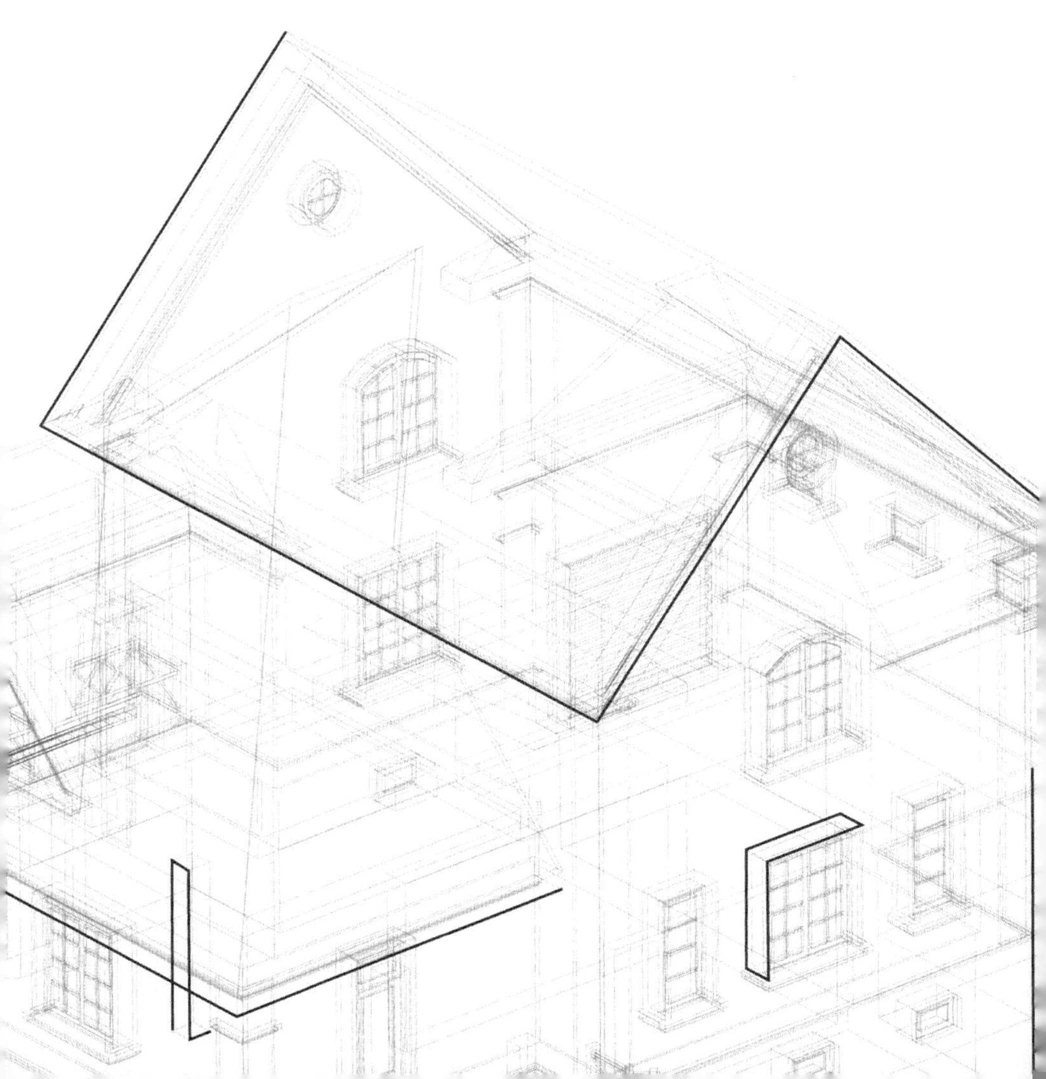

01

100세 시대, 100세 주거

우리나라 평균 수명은 2011년 현재 81.2세이다. 또한 2012년 현재 전체 인구 가운데 65세 이상 인구 비중인 고령화 비율은 12.2%이다. 더불어 이는 세계에서 가장 빠른 속도로 '고령사회(aged society)'로 진입하고 있다. 고령화 시대에 맞는 사회적 준비가 필요하다는 요구는 이 때문이다.

요즘 우리는 100세 시대를 얘기한다. 현재 태어나는 세대의 경우 수명이 100세에 이른다는 것이다. 100세 시대의 의미는 무엇이며, 무엇을 어떻게 준비해야 할까? 현재 우리 사회 시스템은 80세 인생을 전제로 한다. 태어나서 20여 년간 교육을 받은 후 사회로 진출해 30~40여 년간 경제 활동을 한다. 이후 60세 전후한 시점에 퇴직해 20여 년간 은퇴·여가생활을 하는 80세 생애주기패턴을 갖는 것이 일반적이다. 이에 따라 청소년기를 중심으로 교육 시스템이 만들어져 있으며, 중년기를 중심으로 근로 시스템이, 노년기를 중심으로 은퇴·여가 시스템이 구축돼 있다. 그런데 수명이 100세까지로 확장돼 노년기가 40여 년으로 늘어날 경우 현행 평균 수명 80세 시대의 시스템을 그대로 적용하기는 곤란하다. 만약 시스템이 변화하지 않는다면 소비기간이 소득창출기간을 초과하게 되어 그만큼 국가 부담이 커지기 때문이다. 이것은 결국 국민의 부담 가중으로 귀결돼 이전과는 다른 사회갈등 요인이 될 소지가 있다. 따라서 생애주기가 80세에서 100세로 변화된다면 사회 시스템도 생애주기 변화에 걸맞게 변화돼야 할 것이다. 이에 정부도 평균 수명 연장에 따른 사회적 문제에 대처하기 위해 범정부 차원의 T/F를 구성해 '100세 시대 준비를 위한 정책'을 강구한 바 있고 앞으로도 그럴 것이다.

60세 이상 인구 중 약 80%는 집값에 차이는 있지만 '내 집'을 보유하고 있다. 결국 주택은 고령화 시대에 있어서 주거를 위한 공간뿐 아니라 노후 생활을 위한 중요한 자산 가운데 하나라고 할 수 있다. 최근 모 생명사에서 100세 시대를 대비해 제시한 은퇴 후 주거 선택 가이드는 노후를 맞이하는 이들에게 무엇을 어떻게 준비할 것인가와 관련하여 몇 가지 시사점을 제시한다.

첫째, 집에서 보내는 노후를 대비해 고령 친화 디자인을 도입할 필요성이 있다. 낙상 사고를 막기 위해 욕실에 미끄럼 방지시설을 갖출 것을 주문한다. 그러나 이에 그치지 않고 보행 불편을 해소하기 위해 문턱을 없애거나 욕실에서 일어서거나 할 때 잡을 수 있는 지지대로서의 봉을 설치하는 등의 주거 편의를 위한 개선이 요구된다.

둘째, 나이가 들수록 높은 부동산 자산 비중과 주택 과소비는 바람직하지 않으므로 매달 현금소득이 생기도록 '부동산의 연금화'를 추구할 것을 주문했다. 이것은 주택금융공사의 주택연금(역모기지)을 통해서 이용 가능하며 현재 전국적으로 집값 상승세가 꺾인 시점 또는 하향 안정화 시점에 앞으로는 신청자 수가 더 증가할 것으로 예상된다. 또한 자산 가운데 부동산 비중이 높음에 따라 전체 자산 중 부동산 비중을 낮춰야 하며, 생활비로서의 활용을 위한 금융 자산 비중을 높이기 위해 집의 크기를 줄이거나 집값이 다소 저렴한 지역으로 이동할 필요가 있다고 지적하고 있다. 결국 다운사이징의 필요성과 이를 통한 수익형 부동산에의 재투자 그리고 은퇴에 따른 은퇴 이후의 주거지에 대한 모색 등이 필요하다는 것이다.

100세 시대, 주거에 대한 새로운 모색은 '전세는 없다'는 전세 종말 시대 이후에 대한 준비이기도 하다. 우리는 지금까지 고성장 시대를 지나며 자산으로만 생각했던 '주택'으로부터, 저성장 시대의 '주거'를 되돌아보는 지혜로서의 '안목'을 갖춰야 한다. 그래야 살고 싶은 집에서 살 수 있다. 그렇지 않으면 살던 대로 살지 못할 수도 있다.

02
54.3 vs. 54.2: 집값이 오르기를 바라는 사람들

주택가격의 약세가 뚜렷하다. 지난 5년 동안 '부동산 시장 거래 활성화 대책'이 수차례 나왔음에도 시장은 냉담하다. 특히, 서울·수도권의 하락세가 지속되고 있다. 부분적으로 전남·경남·충청권 시장의 훈풍이 있기는 하지만 수도권의 하락장세에 묻혀 양극화와 탈동조화가 깊이를 더해가고 있다. 현재 우리나라 주택시장의 단면이다. 주택가격의 하락장세가 지속되면서 다시 집값이 오르기를 바라는 사람들이 늘고 있다. 어떤 사람들이 집값 상승을 기대할까? 우선 내 집을 갖고 있는 사람들일 가능성이 가장 높다고 가정할 수 있다. 자신의 보유 자산이 하락하는 것을 용인할 사람은 많지 않을 것이기 때문이다. 2010년 현재 자가보유율(자기 집을 가지고 있는 가구의 비율)은 61.3%이다. 이들 모두는 집값 상승을 기대할까?

한편 집을 소유하고 있으면서 집값 상승을 가장 기대하는 사람들은 이들일 가능성이 높다. 가계부채 1,000조 시대에 2, 3년 전 집을 사 입주를 앞두고 있지만, 거래가격이 분양가격 밑으로 떨어져 신규 분양주택으로 이사를 가야 하는 대체 수요자와 신규 분양자들이다. 또 있다. 우리 사회를 구성하고 있는 계층으로는 베이비 부머들이 그렇다. 자산의 80%를 부동산으로 갖고 있는 이들은 살고 있는 집의 가격이 오른다고 현재보다 낮은 주택으로 이사해 시세차익(capital gain)을 바로 실현시킬 것은 아닐 것이다. 그런데 이들은 왜? 집값 상승을 기대하는 것일까? 그리고 정말 그럴까? 이들의 집값 상승 기대와 우리 주변의 무엇이 연결되고 관련될까?

지난 4·11총선 때의 투표율은 54.3%이다. 54.2%는 2010년 현재 우리나라의 자가 거주비율이다. 서로 다른, 그래서 연결되지 않을 법한 두 숫자는 그럼에도 숫자 자체가 사뭇 닮았다. 표면적으로 이번 총선 투표율과 자가 거주율과는 아무런 상관 관계가 없다. 그러나 이렇게 이야기하면 달라진다.

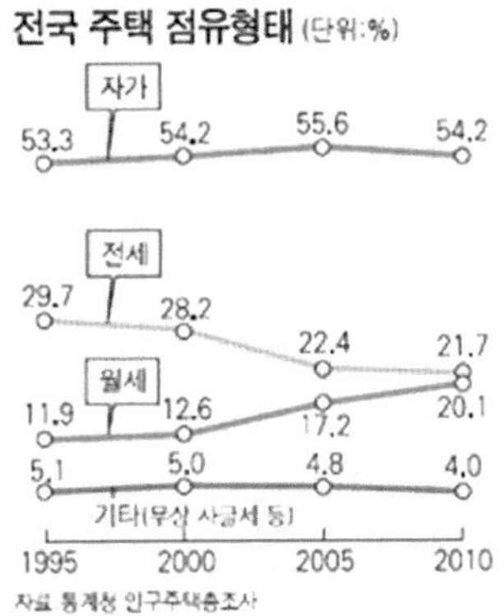

우리나라 국민은 자산의 약 80%를 부동산으로 보유하고 있으며 이 가운데 자가 거주율은 54.2%이고, 우연의 일치처럼 이번 총선에서의 투표율이 그 수치만큼인 54.3%를 기록했다. 당연히 자기 집에 거주하고 있는 사람들이 전부 투표에 참여한 것은 아니다. 따라서 자가 거주율이 투표율로 연결되지 않았음은 주지의 사실이다. 그럼에도 그런 착시가 생기는 것은 그만큼 자산으로서의 주택을 보유한 주택보유자들의 성향이 투표에, 투표율로 반영될 수도 있다는 점이며 이러한 성향을 정치권은 적절히 공약에 녹여 활용하고 있다. 정치권은 그 의미를 이미 잘 알고 있었다는 추론이 가능한 대목이기도 하다.

지역적으로는 다소 차이가 있지만 지역개발 관련 공약과 함께 내 집을 소유하고 있는 사람들의 표심과 관련된 공약이 제시되는 이유가 이 때문이다. 이번 총선의 결과에 따른 것이기도 하지만 서울 강남 3구의 투기지역 해제를 통한 DTI 규제 완화 등을 골자로 한 대책이 강구되는 것도 이런 맥락이라고 할 수 있다. 이와 같은 내용을 골자로 하는 주택시장 거래활성화 대책이 '5·10 대책'으로 발표된 셈이다.

내 집을 갖고 있는 사람들의 표심에 대한 정치권의 눈치 보기는 어떻게 전개될까? 투표율과 자가 거주비율과의 연관성이나 상관성이 없어 보이는 추론은 가능할까? 논리적이지 않지만 정치권의 '표심 읽기'가 고도화되면 될수록 그럴 가능성은 높다고 할 수 있다. 그렇게 보는 이유는 이렇다. 첫째, 우리나라 국민의 약 80%가 자산으로 주택 등 부동산을 보유하고 있다. 이런 이유로 자신이 보유하고 있는 부동산 자산의 자산가치가 하락하는 것을 바라는 이는 많지 않을 것으로 보인다. 둘째, 자가 거주비율은 54. 2%이지만, 자가 보유비율은 61.3%이다. 내 집을 보유한 비율이 약 60%를 넘는다는 얘기다. 보유주택의 가격은 상이하더라도 내 집을 보유한 대부분의 사람들은 금융자산보다 부동산 자산의 보유비율이 크기 때문에 부동산 자산을 기초로 자신의 노후를 대비해야 한다는 공통점이 있다. 이런 측면에서 보유하고 있는 내 집의 자산 가치가 하락하는 것을, 즉 가격 하락과 관련된 공약을 제시하는 정당 또는 정치인에 대한 표심이 투표로 표현될 수 있는 대목이다. 셋째, 보유 자산의 약 80%를 부동산으로 갖고 있으며, 내 집을 보유한 약 60%를 대표하는 세대가 바로 베이비 부머다. 베이비 부머의 내 집 보유비율이 다른 세대에 비해 높은 것이 이러한 특성을 반영한다. 즉, 다른 세대에 비해 구성비가 높으며, 연령이 상대적으로 많은 세대의 '표심 잡기'라는 점에서 이들 세대에 대한 정치권의 쏠림 현상은 당분간 지속될 것으로 예상된다.

또한, 베이비 부머 대부분이 자신의 노후자금 마련을 위해 현 보유 부동산 자산의 활용에 대해 고민할 수밖에 없는 한계가 있다는 점 또한 다른 세대에 비해 정치권의 관심이 베이비 부머에 집중될 수밖에 없는 충분한 배경이 된다. 그럼에도 투표율과 자가거주율 간의 상관성을 통한 이러한 억측은 통계적 유의성이 없는 추론이라는 점에

서 예상이 빗나갔으면 하는 바람이다. 정치가 '바람'을 형성하기보
다는, 바람을 '타는' 성질이 있다는 점에서 집값의 향배는 정치적
관심이며, 집값의 향배가 정치적 성향이나 표심을 결정하는 데 직
접 작용할 수 있다는 역설은 여전히 '불편한 진실'이다.

03

3%의 'K리그'와 부동산 시장

"너흰 3%다" 2012년 K리그를 시작하는 샛별들을 향한 1박2일 일정의 신인 선수 교육 프로그램을 통해 소개된 프로 선배의 가르침 가운데 한 대목이다. 'K리그'라는 프로 입성 확률이 3%라는 점을 가슴에 새기라는 숨은 뜻이 담긴 한 마디가 새로운 시작을 하는 선수들에게는 의미 있었을 듯싶다. 122명의 피교육생 신인선수들의 귀를 쫑긋 세운 강의가 있었다고 하는데 그 이유가 재미있다. 모 생명사 플래닝 매니저(PM)의 강연이었는데 주제는 '돈'이었다. 적게는 2,000만 원부터 많게는 5,000만 원을 연봉을 받게 되는 선수들의 최대 관심사 역시 '자산관리'였다는 점에서 당일 강의 가운데 '베스트 강의'로 꼽았다는 후문이다.

3%가 아닌 61.3%와 45.8%의 더 많은 사람들이 관심을 갖는 것이 있다. 바로 주택, 부동산 시장이다. 61.3%는 최근 통계청이 발표한 현재 우리나라의 자가보유율(참고로 자기집에 사는 '자가점유율'은 54.2%)이며, 45.8%는 전세, 월세, 사글세(또는 무상) 등의 형태로 거주하는 임차가구의 비율이다. 자기 집이 있든 없든 상관

없이 고민이다. 자가보유 가구는 대체 주거를 위해 주택담보를 끼고 구입한 주택의 가격이 최근 가격 하락기와 맞물리면서 이자부담이 커지고 있기 때문이다. 더불어 기존 거주 주택까지 매매가 되지 않아 하우스 푸어(house poor)가 남 얘기가 아니다. 소위 '레버리지 효과(leverage effect)'를 기대하고 구입한 주택에 발목이 잡힌 셈이다. 특히 분양가가 높다는 주변의 시기(?)를 무시하고 매입을 결정한 자신의 근거 없는 배짱에 화가 난다. 임차가구의 경우도 마찬가지다. 매매가 상승보다 전세가의 상승세가 더 크고 앞으로 더 지속될 것이라는 불안한 전망이 계속 나오기 때문이다. 부산지역의 경우 매매가 상승률보다 전세가 상승률이 두 배보다 높은 수준을 보이고 있다. 계절적 비수기로 접어들면서 상승률은 둔화되고 있다지만 불안감은 상대적으로 더 커지고 있다.

여기에 최근 그리스 및 미국의 재정위기에 따른 국제사회의 불확실성의 증가는 이러한 불안감을 더 증폭시키는 배경으로 작용하고 있다. 이런 여파로 올해 부산지역의 경제 성장률 역시 3.27%로 낮춰 잡았다고 한다. 트위터나 페이스북 등 소셜네트워크서비스(SNS)상에서 회자되는 괴담 수준의 올봄 위기설이 어떻게 전개될지에 관심이 집중되는 이유이기도 하다. 결국 경제적 불확실성의 증가는 내수부진으로 이어질 것이고 연쇄적으로 금융권의 부실채권에 대한 회수 강화 등의 조치는 900조 이상 풀린 주택담보대출 시장의 경색을 초래할 가능성이 높다. 이 경우 악순환의 연결고리는 시스템을 통해 도미노처럼 작동될 것이고 그렇게 되면 주택시장에 큰 파장을 미칠 수도 있기 때문이다.

소수라고 할 수 있는 3%가 아닌 현재 우리나라에 거주하고 생활하는 우리 국민 모두의 주거만족도와 주거문제로서의 주택시장 안정을 민생안정 차원에서라도 직시할 필요가 있다. 이는 아직 본격적으로 오지도 않은 겨울이 걱정되는 이유다.

04
배추 값과 주택시장[2]

배추 값 파동이 일단락되는 듯하다. 가격 하락폭이 이대로라면 오히려 평년 수준보다 폭락할 것이라는 폭락설도 제기되고 있다. 한 포기에 1만 5천 원을 오르내린 배추 값의 '미친 존재감'(?) 때문인지 급등 원인을 두고 다양한 사회적 담론도 양산되고 있다. 유통업계는 이번 배추 값 파동은 불규칙한 기온과 늦장마 등 이상기후로 인한 작황 부진을 가격 급등의 주원인으로 보고 있다. 반면 정치권에서는 중간 유통업자의 폭리나 대형마트의 사재기 등 유통구조상 문제를 부각시키고 있다. 원인이야 어찌되었든 작금의 배추 값 상승은 수급불균형에 따른 가격 변동의 단면을 보여주는 대표적인 사례라고 할 수 있다.

6월에 종자를 파종해 9월부터 수확하는 배추의 대부분은 해발 600m 이상 고랭지에서 재배되는 여름 배추다. 재배기간에 극한의 폭염과 장기간 내린 폭우 등 이상기후와 맞물렸고 여기에 유통과

---

2) 2010년 배추 값 파동이 있었던 당시의 시점에서 작성된 글임을 밝힌다.

정상의 구조적인 문제가 결국 수급 불균형을 초래했다. 그런데 문제는 배추 값 상승이라는 사회적 이슈로 말미암아 배추 파종이 늘어 김장배추와 월동배추가 시장에 한꺼번에 출하될 경우 가격 폭락의 시나리오가 예상된다는 전문가들의 불안한 예상이 또 다른 우려를 낳고 있다. 여기에 중국으로부터 수입하는 배추는 아예 고려되지 않았으니 수입 배추까지를 고려하면 현재 배추의 수급은 또 다른 차원의 문제를 잉태하고 있는 셈이 된다.

전혀 다른 이야기 하나. 2003년 10·29대책 이후 안정세를 지속하던 주택가격이 2005년 2월부터 상승세로 전환되자 정부는 서민 주거 안정과 부동산투기 억제를 위한 부동산제도 개혁방안의 하나로 소위 '8·31대책'(2005년)을 발표하기에 이른다. 대책 내용은 주택가격 안정에 맞추어졌으며 주택가격 상승의 원인이 서울과 수도권 등 선호지역의 중대형 주택공급 부족에 있다고 보고 수요 억제를 위한 종합부동산세의 도입과 수도권 신규택지 확보 등의 공급확대 대책을 담았다. 수도권 2기 신도시의 주변지역 편입과 3기 신도시 등으로 언급되는 대부분의 택지개발지구와 인천 청라지구 등 중대형 아파트 비중 확대 등이 이때의 대책 내용이다. 이후 2006년의 3·30대책으로 이어진다. '8·31대책'의 성공과 실패를 이야기하려는 것이 아니다. 대책은 타이밍(timing)이며, 시장 가격은 주택의 수급에 기인한다는 평범한 사실의 중요성을 다시금 강조하기 위해서다.

전혀 다르지 않은 이야기 하나. 배추는 주택에 비해 생산기간이 짧다. 최소 55일에서 최대 90일의 생산주기를 갖는다. 부족하면 외국에서 수입해올 수도 있다. 여러모로 주택에 비해서 탄력적이다. 주택, 특히 아파트는 시장에 공급되려면 최소 2년 이상 소요된다. 외국에서 수입해 올 수도 없다. 준주택 또는 도시형 생활주택이 현재의 전세난에 대한 가장 효과적인 대안으로 언급되는 것이 그런 이유다.

배추 값도 안정적이고 주택가격 또한 하향 안정세를 지속하고 있다. 배추 값의 이상 급등현상과 주택시장은 전혀 다른 차원이다. 그런데 우리가 간과하지 말아야 할 게 하나 있다. 혹시 배추 값의 상승이 수익성 저하로 배추 농사를 포기하는 농가의 이탈 현상에 의한 재배농가의 감소에 의한 것이라면 이번 배추 값 파동은 일회성이 아닐 수 있다는 얘기가 된다. 배추는 채소 가운데 공공재 성격이 가장 강하다고 할 수 있다. 바로 온 국민이 즐기는 '김치'의 주 재료이기 때문이다. 배추 값의 이상 급등을 하나의 해프닝으로 치부해서 안되는 이유가 여기에 있다. 배추 값의 미친 존재감은 '뛰어난 존재감'이 아니라 단순히 수급불균형의 문제라는 점이다.

05
스마트폰 '쓴소리'와 주택산업

삼성전자 사장을 역임한 황창규 지식경제 연구개발(R&D) 전략 기획단장의 우리나라 스마트폰에 대한 '쓴소리'가 화제이다. 쓴소리의 요지는 우리나라 특정 스마트폰보다 외국의 제품이 유저인터페이스(UI) 등에서 좀 더 편하다는 것이다. 이것은 콘텐츠가 빈약하다는 뜻이기도 하다. 우리에게도 유사한 제품을 만들 '기술'은 있지만, 치고 나갈 방법이 약함을 꼬집었다. 스마트폰은 PC와 휴대폰이 결합한 형태로, 통화는 보조기능인 만큼 PC를 잘하는 곳에서 '융합'해야 하며 이런 통섭을 통해야만 결국 다양한 콘텐츠 개발이 가능하다고 비유했다.

경우는 다르지만, 위의 쓴소리는 우리나라 주택산업의 선진화와 관련해서도 시사하는 바가 크다. 우리나라의 주택시장은 얼마 전까지 '초과 수요'에 근거했다. '주택'이라는 상품의 콘텐츠보다는 주택 자체가 전부였다. 따라서 '상품'으로서의 '주택'에 대한 콘텐츠 경쟁보다는 선호 입지의 선점을 통한 대량 생산이 기업 연속성의 '잣대'일 수 있었다. 소비자들 또한 '가족과 생활하는 곳',

'삶의 기억이 있는 장소로서의 집'보다는 가격이 상대적으로 더 오를 수 있는 투자재로서의 주택을 선호했다. 결과적으로 이러한 선호를 위의 쓴소리로 대체해 보면 공급자나 수요자 모두 집에 대한 이해가 부족했으며, 따라서 거주와 삶을 위한 주거로서의 주택을 어떻게 계획하고 만들어야 하는지, 어떤 평면이 이러한 가치를 담을 수 있는지, 그러기 위해서는 어떤 노력이 필요할지에 대해 철학까지는 아니어도 이에 대한 고민이 부족했음은 불문가지라고 할 수 있다.

주택 절대 부족의 상황은 이미 오래전에 벗어났다. 일시적이지만 지역적으로는 공급 초과인 곳도 있을 정도다. 쓴소리가 아니더라도 전환기로서의 새로운 모색은 불가피하다. 그리고 이미 앞선 모색으로서의 사례들이 있기도 하다. 대형 아파트에 원룸 형태를 배치해 임대를 할 수 있도록 한 수익형 평면 구조를 적용한 아파트는 화장실·부엌을 별도로 제공하고 평면에 따라 출입구도 달리해 완전히 독립된 생활을 할 수 있다. 결혼한 자녀와 함께 지내는 2대 공동 거주용은 물론 임대사업도 가능하다. LH도 도심 역세권과 상업·업무지역의 다가구 주택을 매입해 '스튜디오 주택'을 공급한다. 스튜디오 주택이란 전용면적 50㎡ 이하 공간에 화장실을 제외하고는 별도 구획이 없는 원룸 형태의 개방된 구조의 주택이다. 주말이나 주중에 이용할 은퇴를 앞둔 베이비 부머 세대를 위한 단독주택도 예외일 수 없다. 이를 위해 모 기업은 아예 별도의 단독주택 브랜드를 론칭(launching) 했을 정도다. 주5일 근무제의 정착과 교통여건 개선 그리고 오히려 새로운 삶을 추구하고자 하는 도시인들의 라이프 패턴 변화에 따른 니즈(needs)를 반영한 결과라고 할 수 있다. 아파트가 아닌 다른 대안 주택을 찾는 수요층을 파고드는 전략인 셈이다.

다양한 주거 콘텐츠로서의 위와 같은 모색에도 불구하고 현재의 시장은 보다 발전적 모색의 속도를 더디게 할 공산이 크다. 2013년에도 주택가격은 대세 하락을 면치 못할 것이라는 일부 견해에도 불구하고 계절적 비수기인 12월, 1월 들어서면서 전세가 상승은 쉼이 없었다. 그런 결과 전세가격은 지난 10년 동안에 비해 가장 높은 상승률을 보이고 있으며 이런 상승세는 '집값' 반전의 배경으로 작용하고 있다. 전세가격의 상승이 매매가 상승에 선행하는 것은 아니지만 현재로서는 그런 과거의 추세가 그대로 시장에 반영될 듯싶다. 거기에 지난해 21만 호의 보금자리 주택(서울·수도권에 19만 호가 집중 공급)과 이에 못 미치는 민간 건설업체의 주택공급물량은 예년보다 부족한 수급불균형이 예상된다. 동시에 바닥이라는 인식론의 확대에 따른 매수 심리의 회복 그리고 여전히 불안한 대외여건 속에서도 평년보다는 다소 낮은 수준이기는 하지만 경제성장률을 통한 가격 상승에 대한 기대감 등이 팽배한 상태다. 결국 다시 가격이 오를 것이라는 시그널은 주거를 위한 보다 다양한 모색으로서의 콘텐츠 개발보다는 이전과 다름없는 특징 없는 상품의 재생산이라는 점에서 이전으로의 회귀에 대한 우려가 남는다.

그러나 이러한 우려에 대한 답은 너무도 분명하다. 대세는 이미 결정되었기 때문이다. 그 답 역시 황 전 삼성전자 사장의 쓴소리로부터 찾을 수 있다. 기술 주도가 아니라 고객과 시장, 트렌드를 먼저 생각하는 시장 중심으로 가야 한다는 지적이 그 답이다.

06

'내 집'과 내 자식

2009년 11월 27일 대통령과의 대화가 TV를 통해 방송된 적이 있다. 이 자리에서는 세종시와 4대강 문제 등 사회적 이슈가 주된 내용으로 언급되었다. 지난하게 언급되어 왔던 쟁점들임에도 불구하고 딱 부러지는 결론은 없었다. 이런 와중에 국정운영에 바라는 국민들의 관심사가 1,000명의 성인남녀를 대상으로 한 설문조사 결과 형태로 언급되었다. 상위 4개가 추려졌는데 4위부터 살펴보면 이렇다. 4위는 등록금 등 교육비 부담 완화(11.4%), 3위는 전세, 집값 등 부동산 안정(12.6%), 2위는 기름값 등 물가 안정(24.9%), 1위는 일자리 창출 등 실업난 해소(33.6%)로 나타났다. 작금의 글로벌 경제위기로 인한 경제적 어려움이 고스란히 묻어나는 결과였다. 경제 여건이 나쁨에 따라 집값도 따라서 안정되거나 다소 하락하기를 바라는 기대와는 반대로 집값 불안을 걱정하는 비율이 높은 것이 예외라면 예외일 수 있다.

몇 해 전 한나라당의 홍준표 의원(현 경상남도 도지사)은 지방의 모 대학에서 명예부동산학 박사학위를 수여했다. 학위를 받는 자리에서 홍 의원은 기념강연을 통해 짧지만 인상적인 말을 했다.

"우리나라 국민들은 딱 두 가지가 해결되면 큰 불만 없다. 그 두 가지 중 하나는 '내 집'을 갖는 것이고 다른 하나는 '내 새끼' 잘 되는 것이다." 그 이외의 다른 불만이 왜 없겠는가? 하지만 홍 의원의 비유가, 그 말이 무엇을 의미하는지 안다. 그만큼 우리나라에서 내 집 문제와 내 자식이 잘되었으면 하는 바람은 50년대 전쟁 이후 폐허에서 '압축성장'을 만들어낸 산업화 시대의 역군들인 부모세대라면 누구나 갖는 동병상련의 주제라고 할 수 있다. 그런 이유로 참석한 대부분의 사람들은 그렇다는 듯 고개를 끄덕여 심정적으로 그 말에 동의했다.

이런 이유로 대통령과의 대화에서 언급된 국민들의 의식조사 결과는 시간적·정황적 상황이 전혀 다른 상태에서 언급되었음에도 불구하고 홍 의원이 강조한 두 가지와 맥을 같이한다. 결국 '집'과 '취업' 문제만큼 우리 근대사에서 현재까지 그리고 부모세대에서부터 자식세대에 이르기까지 여전히 해결해야 할 중요한 문제들이다. 정부에서 발표한 바 있는 통계자료에 따르면 2008년 기준으로 우리나라의 실업률은 3.3% 수준이다. 청년실업률은 이보다 3배 수준 높은 9.3%다. OECD 평균 실업률은 6.0%, 청년실업률은 12.6%이다. 우리나라의 실업률이 OECD 수준보다 낮고 대체로 실업률보다 청년실업률이 높다는 것을 전제로 현재의 상황을 수긍한다고 하더라도 내 자식의 미취업을 우려하는 것은 '내 집' 값이 비싼 우리나라에서 집 사는 데 들어갈 돈을 비축할 수 있는 가장 효과적인 방법이 바로 취업이기 때문이다. 취업을 통해 알뜰

살뜰 모아서 도시에서 내 집을 마련하는 것이 점점 어려워지고 있다는 것을 부모세대가 본인들의 경험을 통해 이미 알고 있기 때문이다. 따라서 내 집 마련을 위한 선순환 구조가 취업이라는 기반을 통해 마련되어야 하는데 글로벌 경제위기 등으로 인해 여건이 녹록지 않다.

내 집, 내 자식 문제는 내 집이 있기 전까지 그리고 부모와 자식으로서의 관계가 지속되는 한 끝없는 관심거리임에 분명하다. 영원한 테마다. 그런데 여기에도 변화는 불가피할 것으로 보인다. 변화의 동인은 다름 아닌 우리나라 인구구조로부터 기인한다. 고3을 마치고 대학에 진학하는 학령인구는 2013년부터 그리고 우리나라 전체 인구는 2018년경부터 감소한다. 엄격히 말하면 '내 집'과 관련된 소유를 통한 1가구 1주택 원칙의 주택정책은 앞으로도 꾸준히 강조되겠지만, 인구감소에 따른 주택수요 감소는 지금까지와는 다른 속도 조절을 요구할 듯하다. 물론 인구 감소가 바로 수요 감소로 이어지지는 않는다. 인구 감소와 달리 가구의 분화에 따른 가구 수는 오히려 증가할 것이기 때문이다. 그럼에도 불구하고 올해부터 시작되는 베이비 붐(Baby Boom)의 선두에 선 1955년생들의 퇴직은 포트폴리오 재구축(portfolio remodeling)이라는 차원에서 이전과는 다른 양상을 보일 것이 분명하다. 이전과 같이 주택가격이 높게 상승하지 않는다면 굳이 높은 유지비용을 지불하면서까지 중대형 규모 이상의 주택을 보유하고 있을 이유가 없기 때문이다. 생활비의 조달이 필요한 가구라면 더욱 그러하다. 이때

쯤 되면 영원할 것 같은 '내 집'과 '내 자식'에 대한 동시대적 테마는 현재의 절박함과는 다소 다른 형태로 변화될 듯하다. 세월 앞에 장사 없듯이 시간은 우리를 또 다른 현실 앞에 놓아 둘 텐데 우리는 그때를 위해 무엇을 준비해야 할지 고민해야 한다. 비록 고민의 깊이만 더해 갈지라도 내 자식이 아닌 '자신'을 위해 고민해야 한다. 고령화로 인해 '자식'을 고민하는 시간보다 '자신'을 생각해야 하는 시간이 길어질지 모르기 때문이다.

07
아파트시장의 탈동조화

최근 부산지역의 아파트 가격 상승률이 경남지역뿐만 아니라 수도권 이외 다른 지역에 비해 상대적으로 높음을 두고 '부산발 훈풍'이라 일컫고 있다. '부산발'이라는 기점(origin)을 두고 나온 말이니 대전 등을 거쳐 서울, 수도권을 종점(destination)하는 가격 상승의 방향성을 염두에 둔 것이라 이해할 수 있다. 즉, 부산의 아파트 매매가격과 청약열기 등의 상승세가 다른 지역으로 옮아 갈 것이라는 기대감이 반영된 결과라고 할 수 있다. 이런 와중에 얼마 전 행정복합도시인 세종시 첫마을 아파트 청약 결과 일반분양 1~3순위와 무순위 청약에서 2.4대 1의 경쟁률로 전 주택형이 청약 마감됐다. '부산발 훈풍'의 물결효과(riffle effect) 때문일까?

마린시티 등 해운대로 대변되는 국지적인 시장의 가격 상승은 예외적이었지만 하향 안정세라는 추세는 현재까지도 부산지역의 가격 특성을 설명하기에 유효하다. 그렇다면 그럼에도 왜 부산지역의 아파트 매매가격 상승과 청약 열기가 이슈화되는 것일까에 대한 설명이 필요하다. '부산발 훈풍'으로 일컬어지는 부산지역의 가격 상승의 배경은 이렇다. 아파트 가격이 꼭지를 향하던 2005년을 전후한 시점에 서울 및 수도권지역의 아파트 가격 상승에 대한 조치로 '8·31대책' 등이 발표되면서 건설사들은 주 사업장을 서울과 수도권을 피해 부산 등 지방으로 이전한다. 사업장만이 바뀐 것이 아니다. 이때 야기된 고분양가와 중대형 평형의 공급 결과는 소비 감소로 이어지면서 미분양 물량의 적체라는 문제를 잉태한다.

분양가는 높은 상황에서 중대형 평형이 공급되니 수요자들의 수요는 급감했고 2007, 2008년의 금융위기와 최근의 유럽발 재정 위기에 이르기까지 이러한 추세는 현재까지 연장되었다. 이것은 결국 시장의 수급불균형이 내재적으로 커지고 있었음을 의미한다. 그러던 차에 여전히 가격 경쟁력이 높은 해운대라는 지역에 평균 수준의 분양가격으로 중소형 평형이 공급된 것이다. 몇 년 동안 시장 수요에 부합하지 않는 상품들에 비해 경쟁력이 있는 상품이 출시되자 당연히 사람들은 주목했고 그 결과는 높은 청약경쟁률로 나타났다. 즉, 바닥이라는 인식론이 확대된 상황에서 전세가 상승은 매매가격의 상승 모멘텀을 자극했고, 입지와 가격 경쟁력이 있는 상품이 출시되자 청약경쟁률에 불이 붙은 격이다. 적절한 타이밍에 적절한 상품이 만든 '히트 앤드 런(Hit & Run)' 상황인 셈이다.

부동산 정보업체인 부동산114의 자료에 따르면 2010년 11월 26일 기준 전국 평균 전세가격은 전주 대비 0.08% 수준이나 부산은 0.16%로 서울, 대구 0.05%의 두 배 이상의 상승세를 보이고 있다.

매매가격 역시 전주 대비 전국 평균 0.03% 상승했으나 부산은 0.14%로 6대 광역시 가운데 가장 높은 수준이다. 계절적 비수기임에도 이러한 가격 변동에 주목하는 것은 최근의 금리 인상과 연평도사태 및 국제 경제 여건이 좋지 않음에도 최근의 전세가 상승과 중소형 중심의 매매가격 상승이 자칫 소비자들의 가격 상승에 대한 '기대심리'를 부추길 수 있기 때문이다.

경제용어 가운데 '탈동조화(decoupling)'라는 용어가 있다. 사전적으로는 '동조화(coupling)의 반대 개념으로 한 나라 또는 일정 국가의 경제가 인접한 다른 국가나 보편적인 세계경제의 흐름과는 달리 독자적인 경제흐름을 보이는 현상'을 말한다. 부동산 시장과 관련해서는 '서울, 수도권시장과 지방시장이 같지 않은 상태에서 독자적인 시장을 형성'하는 정도로 이해하면 될 듯싶다. 물론 완전히 독자적인 것을 말하는 것은 아니다. 여전히 소비의 주체라고 할 수 있는 베이비 부머들이 두텁게 존재하는 한 어느 정도의 영향을 주고받는 것이 불가피하지만 예전과는 확연히 다르다는 얘기다. 결국 부동산 시장의 차별화와 양극화가 진행된 결과라는 점에서 앞으로의 시장 상황 전개와 관련해서 의미하는 바가 크다 할 수 있다. 서울과 부산을 사이에 두고 나타나고 있는 가격 상승률에 기초한 최근의 '북저남고' 현상은 탈동조화의 초기 모습일 수 있다는 점에서 이전의 상황과는 다르다. 서울·수도권과 지방이 다르고 지방 내에서도 각기 다른 시장이 존재한다. 각기 다른 것이 독자적인 특성을 보이는 탈동조화는 지방에서부터 시작되고 있는지 모른다.

08
인구·가구의 변화와 주택상품 개발

우리나라의 주택시장은 '공급자 주도(Seller's Market)' 시장이었다. 공급보다 수요가 많았던 과수요 시장이었기 때문에 가능했다. 2010년 말 현재 101.9%의 주택보급률을 보이고 있는 최근에는 글로벌 경제위기로 인한 불확실성의 증가와 내수 부진에 따라 주택시장의 하향 안정세 분위기가 지속되고 있다. 이런 배경에서 소비자 주도시장으로의 변화가 가속화되고 있다는 지적이 많다. 바야흐로 전환기인 셈이다. 최근 통계개발원에서는 주택 정책 수립의 기초 자료 및 시사점을 제공하기 위해, 「인구·가구 구조와 주거 특성 변화(1985~2010년)」 연구에 대한 분석 결과를 발표한 바 있다. 인구주택총조사 마이크로데이터를 활용하여 발표된 최근 15년 동안 인구·가구구조는 어떤 변화가 있고 이러한 주거 특성을 감안한 상품개발과 관련된 시사점이 있다면 무엇일까?

가장 먼저 눈이 띄는 변화는 지난 수십 년 동안 지속된 과수요 시장의 특성을 반영하듯 수요에 부응하기 위해 주택이 지속 공급됨에 따라 인구나 가구의 증가보다는 주택의 공급비중이 늘었다는 점이다. 15년(1985~2010년) 동안 인구는 397만 명(8.9%), 가구는 438만 가구(33.8%), 주택은 511만 호(53.4%) 증가했다. 주택 수 증가율은 1990~1995년에 30.1%로 가장 높았으며, 이후 감소 추세로 나타났고 가구당 평균 가구원 수는 3.40명에서 2.69명으로 감소했다.

그러나 주택 수의 증가보다 의미 있는 변화는 가구의 분화라고 할 수 있다. 1995~2010년 사이 주된 가구 유형이 3~4인 가구에서 1~2인 가구로 변화된 것이다. 1995년 4인 가구 비중은 31.7%, 3인 가구 비중은 20.3%로 가구 비중이 높았으나 2010년 현재는 2인 가구 24.3%, 1인 가구 23.9%로 소규모 가구 비중이 높아졌음을 알 수 있다. 특히, 여성 가구주의 증가세가 높다. 1995~2010년 사이 전체 가구 중 여성 가구주 비율은 16.6%에서 25.9%로 9.3%p 증가했다. 또한 2010년 1인 가구는 여성 가구주가 222만 가구로 남성 가구주 192만 가구보다 많은 것으로 나타났다. 이것은 향후 고령화가 진전되면서 여성 가구주의 증가폭이 더 커질 수 있다는 점을 의미한다.

또한 1인 가구는 단독주택(59.4%) 거주 비율이 높은 반면 4인 가구는 아파트(65.3%)에 거주하며, 1인 가구는 월세(42.5%)로 4인 가구는 자가(62.6%)로 거주하는 임차와 점유 특성을 보이는 것으로 나타났다. 가구 형태별 증가율 추이를 보다 구체적으로 살펴보면 1995~2010년 사이 1인 가구는 월세가 11.2%p 증가한 반면 4인

가구는 자가 7.6%p, 월세 0.6%p 증가한 것으로 나타나 1인 가구의 월세 증가율이 4인 가구의 월세 증가율보다 월등히 높은 것으로 나타났다.

주택규모와 관련해서는 60㎡ 초과~165㎡ 이하의 중형 주택 비중은 증가한 반면, 소형과 대형 주택 비중은 감소한 것으로 나타났다. 이에 따라 총 방수가 적은 주택(1~3개)과 많은 주택(6개 이상) 비율도 모두 감소했다. 주택의 점유 특성을 살펴볼 수 있는 주택보유율은 2010년 현재 61.3%였으며, 따라서 무주택 비율은 38.7%였다. 자기 집에 거주하는 자가 점유율은 1995년 53.3%에서 2005년 55.6%로 증가하였으나 2010년 54.2%로 1.4%p 감소한 것으로 나타났다.

지난 15년 동안의 인구·가구의 변화를 통한 주요 이슈와 이에 따른 상품 개발 차원에서의 시사점을 정리하면 다음과 같다. 무엇보다 가구 수의 증가에 주목할 필요가 있다. 특히 1~2인 등 소규모 가구의 증가가 눈에 띈다. 이것은 앞으로도 가구의 분화가 지속되면서 소규모 가구의 증가세가 클 것을 의미한다. 상품개발 측면에서 이러한 변화는 현재 수익형 부동산으로 대표되는 오피스텔, 도시형 생활주택, 아파트 상가의 증가와 밀접한 관련성이 있다. 이들 1~2인 소규모 가구의 경우 도시 외곽보다는 도심을 선호하며, 다양한 도시기반시설을 접할 수 있는 입지를 선호할 수 있다는 점에서, 여기에 노후 생활비 마련을 위한 베이비 부머의 수익형 부동산 매입선호와 맞물리면서 특히 오피스텔, 도시형 생활주택 상품의 가격 수준과 상품 구성을 보다 세분화시키는 요인으로 작용할 것으로 보인다.

여기에 61.3%에 이르는 자가보유율과 전세보다는 월세의 비중이 높아지는 임차구조의 변화는 결국 가구 분화에 따른 신규 수요 이외의 수요가 제한적일 수밖에 없다는 점에서 소규모 주택(아파트 등) 및 주거시설(오피스텔 등)의 상품 개발이 필요함을 보여주고 있다. 결국 세분화되는 인구·가구 특성을 감안한 상품, 즉 주택의 규모는 작더라도 입지, 주변 여건 등 세분화된 소비자의 니즈(needs)를 어떻게, 얼마나 반영한 상품이냐에 따라 소비자의 호불호는 극명하게 나타날 것으로 보인다. 바야흐로 소비자 주도로 시장은 빠르게 개편되고 있다. 인구·가구의 변화가 그것을 요구하고 있다.

09
통계가 보여주는 주택문제와 이슈

최근 통계청의 「2010 한국의 사회지표」를 보면 우리나라 사회의 전반적인 모습을 통계 수치를 통해 확인할 수 있다. 발표된 내용 가운데 주택과 관련된 몇 가지 수치를 통해 향후 주목할 만한 문제나 이슈를 찾아본다. 우선 '가구'의 증가가 눈에 띈다. 2010년 인구주택총조사 결과(잠정)에 따르면 우리나라의 총인구는 48,219천명으로 2005년에 비해 2.0% 증가했다. 그러나 2000년 이후 인구 증가율은 감소하고 있는 것으로 나타났다. 반면 일반가구 수는 17,334천 가구로 9.1% 증가해 인구수에 비해 4배 이상 높은 증가율을 보였다. 특히 일반가구 중 1인 가구의 비율은 1990년 9.0%에서 2010년 23.3%로 20년 동안 14.3%p 증가했다.

또 다른 특징은 고령인구 비중의 증가세이다. 2010년 현재 우리나라의 65세 이상 고령인구의 비중은 11% 수준이다. 1980년에는 3.8%에 불과했다. 2050년에는 38.2%로 70년간 34.4%p 증가할 것으로 전망된다. 이것은 2050년이 되면 전체 인구 10명 중 한 명(14.5%)은 80세 이상 인구가 된다는 것을 의미한다. 부산은 2015년에 14.7%에 달해 광역시 가운데 가장 빠른 속도로 고령사회(aged society)에 진입할 것으로 예상된다.

인구의 증가세가 이전보다 둔화되는 상황에서 가구 수 특히 1인 가구와 고령인구는 증가하는 2010년 우리나라의 인구구조학적인 변화는 향후 주택시장의 방향과 관련해 어떤 영향을 미칠까? 첫째, 인구의 증가세 둔화로 인한 가격 하락 압력은 늘어나는 가구 수에 의해 어느 정도 상쇄될 수 있을 것으로 예상된다. 물론 2018년을 기점으로 인구가 감소한다는 것을 감안하고 매년 30만 쌍의 신혼부부가 새로운 수요자로 편입된다는 점에서 변화의 폭과 깊이는 상황변화에 따라 시점이 달라질 수 있다. 둘째, 인구구조학적 변화의 특성, 즉 1인 가구와 고령인구의 증가는 주거의 편의성, 안전성이 높으면서 규모가 작은 주택을 선호하는 수요의 증가로 이어질 수 있다는 점에서 역세권 중심이면서 편의시설 이용에 불편이 없는 원룸 평면을 갖춘 수익형 부동산이 경쟁력을 갖춘 상품으로 주목받을 수 있다.

그러나 문제는 '시장'에서 인구 변동에 따른 수요의 감소는 주택가격의 하락 가능성을 높이는 데 그치지 않는다는 점이다. 수요 감소는 결국 공급물량의 감소로 이어질 수 있다. 공급은 수요에 의해 결정되기 때문이다. 이 과정에서 공급물량 감소, 전세수요 증가, 월세 물건 증가 등은 일시적인 가격 반등과 하락의 모멘텀(momentum)을 수시로 만들어낼 것으로 보인다. 결국 크게는 장기적 추세로서의 가격 안정을 지향하겠지만 시장은 '상황'에 따른 상승과 하락이라는 부침을 보일 것으로 예상된다. 이번 발표된 사회지표는 우리 사회가 가속 단계 선상의 티핑 포인트(tipping point)가 아닌 전환점(turning point)을 돌고 있음을 보여준다. 바야흐로 '생(生)'과 '삶'의 경계선에서 아직도 자산으로서의 '주택'으로 향한 관심을 '주거'의 개념으로 뒤돌아볼 것을 권하고 있는 셈이다.

10
강남스타일, 강남 집값 올렸나?

'강남스타일', 강남을 꼬집다

'강남스타일'이 대세다. 유튜브를 통해 전 세계에서 2013년 4월 현재 15억 번이나 조회됐다고 한다. '길보드'(?)가 아닌 미국 빌보드 싱글 메인 차트인 '핫 100'에서는 11위에 올랐다. 놀라운 기록이다. 그러나 세계적으로 선풍적인 인기를 얻고 있는 싸이의 '강남스타일'은 아이러니하게도 'A급'이 아닌 'B급'이다. 싸이는 B급이다. 장동건 같은 A급이 아니다. 'B급 문화'를 달리 키치(Kitch)문화라고도 한다. 키치는 천박하고 저속한 모조품 또는 대량 생산된 싸구려 상품을 지칭한다. 그렇다고 저질로 보면 안 된다. 의도된 'B급'이기 때문이다. 오히려 반듯한 'A급'보다는 어눌한 'B급'이 뜨고 있다.

현재 전 세계적으로 'B급 문화'가 대세다. 유례없는 경기 불황이 주요 배경 중 하나다. 미국 내 싸이 열풍 역시 이러한 경제 상황과 무관하지 않다. 어려운 때를 보내는 많은 사람들에게 B급 문화는 '힐링(healing, 치유)'인 셈이다. 참을 수 없는 가벼움이 날개

꺾인 세대와 사람들에게 위로를 주는 셈이다. B급 문화의 속성이 이러하니 싸이의 '강남스타일' 속 강남은 강남에 대한 애증인 셈이다. 상대적 박탈감에 대한 상대적 비하인 꼴이다. 강남스타일의 성공에 대한 해외 언론의 평가는 이렇다. "AP는 싸이의 노래가 "강남에 대한 한국인들의 애증을 파헤친다"고 평론을 소개했다. 애증의 대상이 된 강남의 기득권을 해학적이고 우스꽝스럽게 표현하는 강남스타일에 사람들이 열광하고 있다는 분석이다."

어쨌든 다시 한번 '강남'에 주목한다. 해외에서의 반응이 강남스타일의 성공에 따른 당연한 관심이라면 강남에 대한 우리 식의 관심은 억측에 가깝지만 그래서 '강남의 집값이 오를까?'이다. 강남은 우리에게 그런 대상이다. 또는 주택시장이 'B급 문화'와 연관될까? 연관된다면 어떻게 이해할 수 있을까? 하는 궁금증이다. 결론부터 얘기한다면 강남스타일은 강남을 얘기하지만, '강남스타일' 속에는 강남이 '없다'. 강남이 등장은 하지만 강남을 꼬집는 싸이의 배경이지, 결코 3.3제곱미터당 3천만 원 수준을 뽐내는 아파트공화국으로서의 강남이 아니다. 강남스타일은 그래서 강남을 얘기하지 않는다.

'강남스타일', 칩-시크(cheap-chic)한 새로운 'B급 주거'를 얘기하다

주택시장도 'B급 문화'와 연관될까? 관련성이 있을까? 2012년

여름 장마철 비수기를 보내고 가을 이사철이라는 성수기를 맞는 시점임에도 우리나라 주택시장은 전체적으로 '정중동'이다. 움직임이 약하다. 아니 체감적으로는 거래 자체가 '없다'. 바로 세계경제의 불확실성이 여전하기 때문이다. 여기에 약 110만 가구로 추산되는 하우스 푸어와 이들과 비슷한 여건에 놓인 많은 사람들이 '주거소비'로서의 경제 활동에 어려움을 느끼고 있다. 본인들의 경제적 여건 또한 불확실하지만, 그렇지 않더라도 개별적 의사와는 상관없이 현재의 주택시장 여건상 발이 묶여 있는 형국이다. 비싸게 사서 싸게 팔 수도 없고, 더 떨어질 것처럼 보이는데 여전히 비싼 가격에 살 이유가 없다는 서로의 이해타산이 내수부진을 심화시키고 있다.

현재의 경제적 어려움은 가계의 소비지출을 감소시킨다. 쓰고 싶어도 참는 것이다. 여기에 수입 감소는 주택소비 자체가 사치로 치부되기도 한다. 이러한 소비지출 감소와 수입 감소는 주택시장에서 새로운 변화를 야기시키고 있다. 공간적으로는 집값이 비싼 도심에서 상대적으로 저렴한 도시외곽 쪽으로는 공간이동을 촉발시킨다. 도시 외곽 또는 주변부로의 공간이동이 쉽지 않은 경우 경제적 부담을 상쇄하기 위해 여전히 비싼 아파트보다는 상대적으로 저렴한 다세대주택을 선택할 수밖에 없다. 상대적으로 작은 아파트, 상대적으로 저렴한 다세대 주택을 선택한다고 하더라도 아무 '상품'이나 선택하는 것이 아니다. 저렴하면서 실용성과 세련미를 갖춘 칩-시크(cheap-chic) 상품으로서의 소형 아파트 또는 저렴한 원룸형 다세대주택을 선택한다.

주택소비로서의 'B급' 선호는 불가피한 선택이 아니다. 당분간 지속될 트렌드 또한 아니다. 오히려 저성장시대를 살아가는 삶의 방식(way of life)이자 뚜렷한 방향(direction)일 수 있다. 왜냐하면 우리 사회의 양극화가 현재보다 심화될 경우 주거소비로서의 개인적 선호는 현재보다 다양한 스펙트럼을 형성할 것이기 때문이다. 주머니 경제에 맞는 어쩔 수 없는 선택으로서의 주거소비는 그럼에도 상대적으로 양호한 상품에 대한 선호로 나타날 것이다. A급의 가격을 지불할 수는 없지만, A급에 버금가는 품질을 기대하는 소비자 중심의 니즈가 그것을 가능하게 한다. 이런 이유로 앞으로 저렴하지만 갖출 것은 다 갖춘 B급 상품으로서의 '칩-시크(cheap-chic)'한 주택상품 개발이 탄력을 받을 전망이다. 어느 업체가 강소주택으로서의 B급 주거상품을 얼마나 효과적으로 공급하느냐가 뉴 페이스로서의 주택건설업체로 부각될 것이다. B급이지만, B급임에도 싸이는 새로운 오리진(origin)이 된 것처럼 바야흐로 제대로 된 'B급' 주택상품이 대접받는 시대가 도래한 것이다. 주택시장의 시각에서 바라본 '강남스타일'에 강남은 없다. 하지만 여전히 강남을 매개로 한다는 점에서 '강남'은 이 시대를 이해하는 분명한 '코드(code)'인 셈이다.

(본 내용은 2013년 5월 2쇄 때 추가됨)

11

하우스 푸어, 어떻게 바라볼 것인가?

계속 늘어나는 푸어… 그때마다 '푸어 대책'으로 대응?

'○○ 푸어(Poor)'라는 말은 '의식주'를 위해서 꼭 대출을 받아야 하고 그 대출을 갚기 위해 일을 하며 살아가야 하는 고달픈 직장인들을 비유해서 자주 쓰인다. 가장 많이 알려진 '하우스 푸어'부터 결혼자금을 위한 대출로 빈곤해지는 '웨딩 푸어', 계획된 국책사업들이 취소되거나 연기되면서 토지보상에 발이 묶인 '랜드 푸어'와 급등한 전세보증금 대출로 어려움을 겪는 '렌트 푸어'까지 이미 그 수를 헤아리기 어려운 실정이다. 그런데 앞으로도 우리가 처한 경제적·사회적 상황은 더 다양한 '푸어'를 양산할 것으로 예상된다. 이런 푸어 신드롬 때문일까 대선을 앞둔 대통령 후보들의 공약에서도 '푸어 대책'이 주요 내용이 되었다. 특히 '하우스 푸어'에 대해서는 야당, 여당이 모두 해결방법을 고심 중에 있는 것으로 전해지고 있다. 그렇다면 하우스 푸어 대책은 정녕 하우스 푸어를 구할 수 있을까?

사회적 현상으로서의 '푸어'와
공공개입으로서의 '푸어' 대상은 달라

일반적으로 '하우스 푸어'란 가처분 소득 대비 대출 원리금 상환비율이 일정 비율 이상이거나 주택담보가치가 대출금을 하회하거나 대출이 연체되고 있는 사람 등을 가리킨다. 한편, 투기목적으로 집을 구입했다가 낭패를 본 사람도, 집 한 채가 전 재산인 사람인데 집값이 떨어진 사람도 모두 자신을 하우스 푸어라고 생각한다. 이처럼 하우스 푸어는 규정하기에 따라 그 대상과 범위가 매우 유동적이다. 그렇다면 정부는 이들 모두를 도와야 하는가? 또 모두 도울 수는 있는가?

가장 바람직한 방법은 채무자와 채권자인 금융기관과 차주가 스스로 채무조정을 하는 것이다. 그러나 심각한 상황으로 내몰리지 않는 한 채무자와 채권자가 스스로 채무조정을 할 가능성은 낮다. 언젠가는 집값이 구입한 금액보다 높아질 것이라는 기대감에 단순히 만기연장이나 돌려막기를 할 가능성이 크다. 일반적으로 부채가 정상적인 상황에서 쉽게 감소하지 않는 주된 이유이기도 하다.

정부의 개입명문도 구분이 필요하다. 하우스 푸어를 양산할 수밖에 없었던 정책 실패가 있었는지? 혹은 대상이 경제적 한계 계층으로 스스로 채무를 조정할 능력이 전혀 없는 계층인지도 중요하다. 구체적인 개입방식 역시 하우스 푸어를 양산한 제도적 환경을 바꾸는 방법과, 하우스 푸어인 개인들을 직·간접적으로 지원하는 방법이 있을 수 있다. 다만 개인들을 지원하는 개입에는 대상의 범위와 원칙이 필요하다. 도덕적 해이를 일으킬 수 있기 때문이다. 다른 국가들에서 일반적으로 하우스 푸어 문제에 개입하는 경우가 서브 프라임 모기지 사태와 같이 위기상황에 국한된 것은 바로 이 때문이다. 그런데 아쉽게도 최근의 논의는 이러한 상황판단이나 구분이 없을 뿐만 아니라 하우스 푸어를 양산한 시장 여건의 근본적인 변화에는 관심조차 없는 것 같다.

최근 하우스 푸어 대책으로 거론되고 있는 세일 앤드 리스백(Sale & lease back) 개념은 한 시중은행이 시행하겠다고 밝힌 '트러스트 앤드 리스 백(Trust & Lease back)' 제도와 그 맥을 같이한다. 이는 앞에서 열거한 하우스 푸어인 개인을 돕는 정책이라기보다는 시장구조를 바꾸는 조치의 하나로 볼 수 있다. 유난히 우리나라는 부동산에 자산이 많이 묶여 있지만 상대적으로 유동화 수단이 적다. 일부 비판이 있지만 금융기관별로 이와 유사한 상품들이 주택연금 등과 연계되어 개발·보급된다면 그것만으로도 충분히 의의가 있다고 본다. 또한 이러한 시도들은 하우스 푸어를 양산할 수밖에 없는 국내 부동산 시장환경을 개선시키는 주요한 계기가 될 것임에 틀림없다.

그러나 하우스 푸어 개인을 돕는 문제는 도덕적 해이나 금융기관의 부실, 과도한 공적 부담의 문제가 수반되기 때문에 매우 정교한 정책개입이 요구된다. 우선 집과 관련된 대출 때문에 고통받는 사람들을 유형화하고 이들의 문제가 무엇인지 정확히 진단하는 일이 필요하다. 일시적인 차주의 경제적 상황의 악화가 문제라면 낮은 금리로의 차환이나, 금리인하, 원금납부 기간의 연기 등이 필요할 것이다. 3년 미만의 돌려막기로 연장되고 있는 일시상환대출들은 원금을 장기로 분할납부하는 장기대출로 교체하게 해야 한다. 그러나 이미 주택이 압류되거나 경매로 넘어간 경우에는 금융기관들의 원금회수율보다 이들이 부채조정을 마친 이후 최소한의 주거문제나 사회적 안전망에서 보호받을 수 있는지, 신용회복은 어떻게 지원할 것인지에 대한 고민이 필요하다.

하우스 푸어에 대한 올바른 해법은 금융기관, 정부, 주택소유자 모두가 함께 조금씩 고통을 감내해야 한다. 그러므로 누가 도와야 하는지보다는 어떻게 돕고 어떻게 회복시키느냐가 더욱 중요한 문제이다. 또한 집을 가지지 못한 자들과의 역차별 문제도 검토가 필요하다.

'호미로 막을 것을 가래로 막는다'는 옛말이 있다. 우리 사회는 문제가 심각해져 드러나기 이전에는 해결방법을 모색하는 일에 인색하다. 하우스 푸어 문제 역시 비슷하다. 지금 당장은 집을 가진 소수의 문제이며 사회 전반적으로 그리 심각한 상황이 아닐 수 있다. 그러나 일부 지역이나 집단대출 등에서의 하우스 푸어 문제는 결코 간과할 수 없는 사회문제이기도 하다. 그러므로 하우스 푸어 문제를 마냥 방치하거나 문제해결을 미루기만 한다면 문제해결에 더 많은 고통과 비용이 소요될 것이다. 따라서 지금부터라도 하우스 푸어에 대한 유형과 분류를 시도하고 채무조정을 독려하기 위한 미세한 조정이 이루어져야 할 것이다. 아울러 정부는 하우스 푸어를 양산할 수밖에 없는 사회경제 시스템의 체질개선에 대한 고민을 시작해야 한다.

12

목돈 필요한 주택임대차가 만드는 렌트 푸어

목돈 들어가는 보증금, 렌트 푸어를 만들다

주택임대료가 급등하면서 대출을 통해 올라간 임대보증금을 메워야 하는 계층을 렌트 푸어라고 부른다. 특히 최근 전세보증금의 일부를 월세로 전환하는 '반전세'가 늘자 높은 전세 보증금에 월세까지 내야 하는 이들을 지칭하기도 한다. 그러나 렌트 푸어는 전세가구에만 해당되는 것이 아니라 월세주택에 사는 사람에게도 똑같이 적용될 수 있다. 전세방식은 우리나라 임대시장의 절반 정도이며 나머지 반은 월세방식이기 때문이다. 그런데 우리사회는 유난히 전세가격 변동에 민감하다. 왜 그럴까? 이는 전세방식이 월세방식보다 보증금 규모가 크고 월세보다는 장기간 거주하는 가족형 가구들의 주된 임차방식이 때문이다. 물론 최근 1~2인 가구가 증가하면서 월세주택에 대한 사회적 관심도 높아지고 있다. 그러나 여전히 주택임대시장 하면 월세보다는 전세시장이 데이터도 많고 상대적으로 사회적 관심을 많이 받는 것 같다.

전세 거주자라고 모두 집을 가진 사람에 비해 사회적 약자라고 볼 수는 없다. 최근 규모가 큰 고가 아파트의 경우 보유 대신 전세 방식으로 임차하려는 경향이 커지면서 소득이나 자산이 충분하지만 굳이 집을 사지 않고 전세로 거주하는 사람도 적지 않기 때문이다. 과거 전세로 거주하는 경우는 대부분 내 집 마련을 준비하는 잠재적 주택구매계층으로 구분해 왔었다. 그래서 전세가격이 1년 이상 상승하면 곧 매매가격 상승으로 이어지기도 하였다. 그러나 최근 전세가격이 3년 연속 상승하고 있음에도 불구하고 주택 매매가격은 계속 하락 및 약세를 나타내고 있다. 과거의 공식이 성립되지 않고 있는 것이다.

임차할 주택을 구할 때 굳이 전세방식을 고집하지 않는다면 물건이 없는 것도 아니다. 집값 상승에 대한 기대감이 낮아지면 전세로 주택을 공급하는 공급자(집주인)는 점차 감소하면서 전세로 나왔던 주택이 점차 월세로 바뀌고 있는 것이다. 그러나 보증금 규모가 1억 원을 넘어가면 월세보다는 전세주택을 찾는 수요자가 많다. 수요자들은 왜 전세방식을 선호할까? 현재 우리나라 임대주택의 수익률을 살펴보면 전세보다 월세방식이 더 높다. 수요자의 비용측면에서 보면 전세방식이 유리한 것이다. 다만 전세의 경우 초기에 꽤 큰 목돈이 필요하다. 즉, 우리나라의 임대시장 구조는 초기 진입비용을 많이 지불할수록 주거비용이 줄어드는 구조인 셈이다.

우리나라 월세주택은 평균 보증금의 규모가 선진국에 비해 높은 수준이다. 선진 외국에서 월세 보증금은 월 임대료의 2~3개월치에 불과하지만 우리나라는 대략 월임대료의 30배가 넘기 때문이다. 월세주택을 구하더라도 일단 목돈이 필요한 것이다. 대학생 등 청년들의 주거문제 역시 이처럼 높은 보증금의 월세주택으로 인한 진입장벽의 문제이기도 하다.

베이비 부머 자녀인 에코세대의 웨딩 푸어 그리고 렌트 푸어

얼마 전 모 일간지에서 최근의 결혼 풍토를 다룬 기획기사가 세간의 관심을 끌었다. 은퇴를 맞는 베이비 부머들이 자녀들의 결혼자금 마련으로 또 한 번 고통을 겪는다는 것이 주요한 골자이다. 물론 결혼에 불필요한 혼수나 예식 비용에 대한 비판도 있었지만 가장 비용부담이 높은 것은 단연 신혼집의 전세보증금일 것이다. 부모로부터 도움을 받을 수 있는 계층과 그렇지 못한 계층의 괴리가 또다시 확인되는 기사이기도 했다.

정치권에서는 '전월세 상한제'를 도입하여 문제를 해결하려고 하지만 이것이 모든 문제를 해결할 수는 없다. 보증금과 월세를 각각 인상해 법적 기준을 피하게 되면 보증금은 지금보다 더 높아질 것이다. 기존 임차인을 거부하고 신규 계약을 하는 등 다양한 제도기피 행태가 나타날 수 있고 궁극적으로 임대주택의 품질이 나빠지는 부작용도 예상할 수 있다. 그러므로 근본적으로 주택의 임차보증금을 줄이려는 노력이 수반되지 않으면 안 된다. 임차보증금을 줄이는 방법은 다양한 임차인의 연대보증인이나 보증보험 제도를 도입하고 월세의 소득공제를 확대하는 등 제도적 개선이 수반되어야 한다.

중요한 것은 국민이 주거의 방식을 결정할 때 다양한 선택권이 있어야 한다는 것이며 그 비용부담이 적절해야 한다는 것이다. 특히 주택을 구입하여 소비하기보다는 임차로 거주하려는 수요가 높아지고 있는 지금, 어떠한 임차방식이든지 고액의 보증금을 요구하는 우리나라의 주택 임차의 현실은 더 많은 렌트 푸어를 양산할 수밖에 없을 것이다. 따라서 렌트 푸어에 대한 고민은 전세제도는 물론 월세형 임대주택까지를 아우르는 우리나라 고비용 주택임차시장의 전반에 걸친 고민의 계기가 되어야 할 것이다.

Ⅲ
주택을 '생각하다'

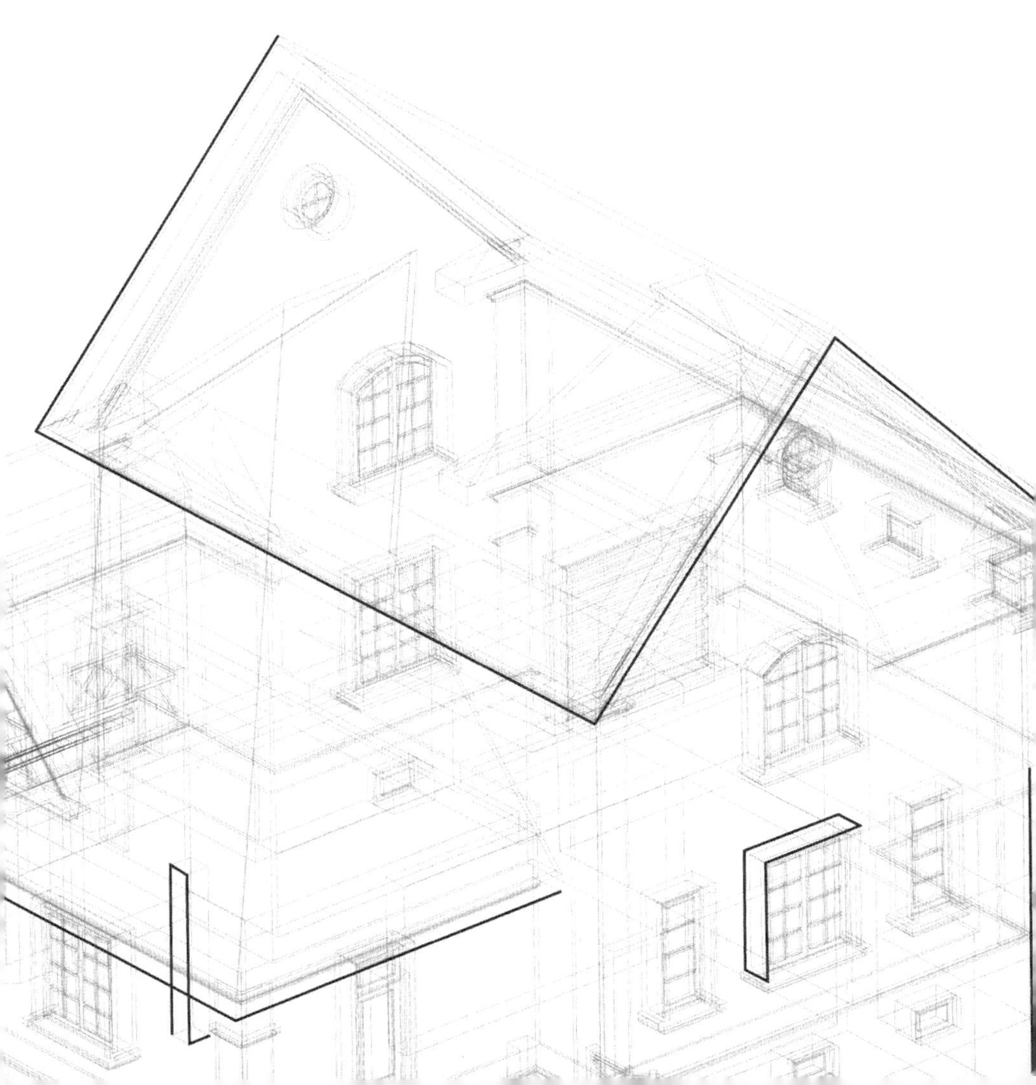

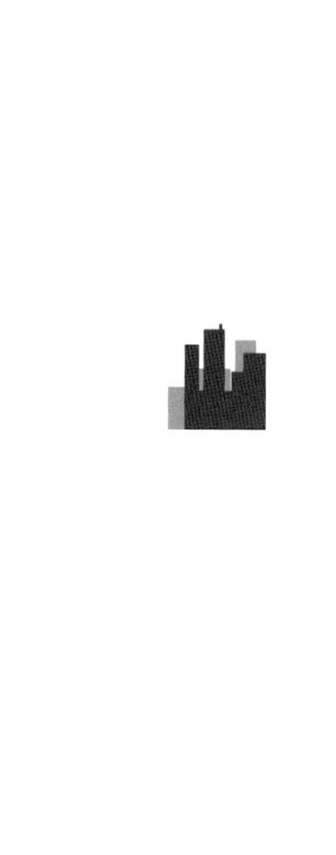

01
20대의 '내 집'과 부동산 투자

20대 초·중반의 대학생들에게 물어봤다. 부동산과 관련해서 무엇이 제일 궁금하냐고? 답변은 다양했지만 몇 개의 키워드로 정리되었다. 집값의 시세 변화, 부동산투자, 부동산 시장 등이 주된 관심사였다. 물론 질문에 대한 호응과 정도는 높지 않았다. 그러나 지금의 50~60대 장년세대와는 전혀 다른 가치관을 갖고 있을 것으로 생각했던 선입견은 여지없이 무너졌다. 이들 젊은 세대에게 기성 세대와 비슷한 부동산관(觀)이 느껴지는 것은 무엇일까?

그런 호기심으로 다시 물었다. 나중에 결혼하거나 30대 이후 '내 집을 갖고 싶냐?'고. 질문에 대한 명확한 답변을 듣기 위해 '내 집을 갖더라도 소유하겠느냐 아니면 임대로 살겠느냐?'로 다시 고쳐 물었다. 답변을 안 한 몇 학생들을 제외하고는 분명한 답변이 확인됐다. 답한 학생들의 반은 '보유', 반은 '임대'. 반은 내 집을 가져야 하겠다는 성향이 강한 반면, 반은 내 집을 보유하기보다는 임대로 살겠다는 뜻이다. 결과로 보면 젊은 세대들의 변화된 주거관처럼 보이지만 앞의 질문과 오버 랩(over-rap)시키면 현재의 장년들과 유사한 부동산 마인드가 형성되어 있음을 감지할 수 있다. 부동산 시장의 변화에 대한 여전한 관심이 그렇고 특별히 달라지지 않은 주택에 대한 관심 역시 그렇다.

무엇일까? 왜 이들은 그들의 부모 세대와 같이 부동산에 대한 강한 관심 또는 집착의 소견을 보일까? 질문은 다소 거창하지만 이유는 간단하다. 바로 이들 젊은 세대가 부동산으로 자산의 대부분을 형성한 개발시대와 산업화 시대를 거치면서 직·간접적으로 부동산에 관심을 가질 수밖에 없었던 베이비붐 세대(1955~1963년)의 자녀 세대들이기 때문이다. 부모로부터 유전적으로 부동산 DNA를 물려받았기 때문이다. 부동산 투자에 대한 관심이 적더라도 시장에서 경합해야 할 수요자들이 많다는 것은 '물건'에 따라서는 가격 상승 여지가 그만큼 높아질 수 있음을 의미한다. 베이비 붐 세대의 이들 자녀 세대를 베이비 붐에 의해 만들어진 메아리 같다고 해서 '에코 붐 세대(Echo boomer)'라 칭한다. 그런 이유로 전문가들은 베이비붐 세대의 자녀(에코 부머)가 30대 경제주체로 성장하는 2010년부터 2020년까지 신규 주택수요가 강세를 보일 것으로 분석하고 있기도 하다.

그러나 에코 부머들의 부동산에 대한 관심은 부모세대의 영향으로 여전할지라도 투자 행태와 판단가치는 부모 세대와는 분명 다르게 전개될 것으로 예상된다. 부동산의 투자환경 자체가 다르기 때문이다. 첫째, 주택에 대한 절대부족의 시대는 지났다는 점이다. 2008년 현재 추계된 신주택보급률은 100.7%이다. 선진국 수준인 110% 이상의 수준에는 미치지 못하지만 우리나라 1960, 70년대 수준에 비해서는 괄목할 만하다. 그만큼 높은 투자 수익률을 기대할 수 없다는 점이다. 둘째, 베이비 부머 세대에 의한 아파트 위주의 투자패턴에서 아파트 이외의 주택에 대한 주거선호가 커질 수 있다. 이것은 에코 부머들에 의한 집단적 수요의 확대에도 불구하고 특정 아파트 이외의 선호 주택의 변화와 세대원 수의 감소로 인한 선호 주택규모의 변화로 인해 이전과는 다소 다른 주택 수요가 형성될 수 있다는 측면에서 시장 세분화(segment)가 촉진될 것으로 예상된다. 셋째, 베이비 부머들의 집단적 주택 수요는 다수의 신도시 건설을 통해 해소되었으나 에코 부머들의 수요는 도시재생이라는 도심 활성화에 힘입어 구도심 또는 지역 중심에 집중될 수 있는바, 입지 고정성의 특성을 갖는 부동산의 특성상 이전과는 확연히 다른 환경이 전개될 것으로 예상된다.

부동산(자산) 가치의 변화는 인구변화에 기인한다. 인구구조학적인 수요의 증가는 다분히 가격상승 압력의 배경으로 작용할 수 있다. 그러나 지금의 장년층과 많이 닮아있는 듯하면서도 다른 20대의 '내 집 생각'은 우리나라 주택유형의 다양화에 긍정적인 변화를 주도할 것으로 예상된다.

02

30대의 '내 집 마련'과 피로증후군

30대는 억울하다. 최소한 지금의 30대는 '내 집 마련'에 대한 기대를 접었다. 이제 막 결혼했거나 결혼한 지 10년 이내인 이들 대부분은 열심히 일해 상대적으로 빨리 '내 집 마련'하는 것을 제1의 인생 목표로 삼고 있다. 이것은 그다음 목표로 나아가기 위해 다른 꿈보다 앞서 달성해야 하는 필요충분조건이다. 또한 사회적으로는 자신들의 역량을 시험하는 인생의 몇 안 되는 관문 가운데 중요한 첫 관문이다. 그런데 그게 힘들게 됐다. 그래서 더 화가 난다. 왜? 무엇이 지금의 30대를 억울하고 화나게 만들었을까?

집값이 올라도 너무 올랐기 때문이다. 그렇지 않아도 비싼 집값이 2002년에 22.9%, 2006년에는 25.5% 상승했다. 그때만 해도 집값 상승이 본인들과는 전혀 상관없는 일이라고 생각했다. 출가 전으로 부모님한테 얹혀 있으니 그 심각성을 느끼지 못했을 뿐만 아니라 꼭 '내 집' 값이 오르는 착각(?)에 빠지기도 했다. 그런데 막상 결혼 등으로 사회적으로 독립하면서 '내 집'을 마련해야 한다고 생각하니 2000년대 초·중반 이후에 오른 집값이 본인들의 발목을 잡고 있음에 깊은 탄식이 절로 난다.

집값 상승이야 그렇다 치더라도 미래가 더욱 암담한 것은 이전 선배 세대와 같이 빚을 내서라도 집을 사두면 자연스럽게 집값이 상승해서 이자와 원금을 갚고도 남는 레버리지 효과(leverage effect)를 앞으로는 기대할 수 없을 것이라는 불안감이 점점 커지고 있기 때문이다. 집값 '대세 하락론' 내지는 '필패론'이 그러한 불안감을 가중시키고 있다. 그래서 지금의 30대는 집단적으로 피로증후군을 앓고 있다. '피로증후군'이란 특별한 원인 없이 6개월 이상 심한 피로감이 지속되는 증상을 말한다. 문제는 충분히 휴식해도 피로감이 해소되지 않는다는 데 있다. 문제는 '내 집 마련'이라는 지극히 개인차원의 의욕 상실감이 사회적으로는 30대 전반의 집단적 상실감으로 확대될 수 있다는 점이다. 이런 상실감의 확대는 비단 30대만의 특별한 현상이 아니다. 이와 유사한 문제로 힘들어 하는 사람들이 글로벌 경제위기 이후 많아지고 있다는 데 더 큰 문제가 있다. 결국 우리나라에서의 '집' 문제는 여전히 집이라는 본질보다 큰 사회적 '이슈(issue)'다.

물론 무조건 '내 집'을 보유하는 것이 최선은 아니다. 하지만 '비싼 집'은 소유하지 않더라도 주거비 비중을 높인다는 측면에서 자가 소유 욕구로서의 '내 집 마련'과는 깊은 상관성을 갖는다. 그나마 30대가 위안으로 삼는 것은 2008년에 전년 대비 -1.8%, 2009년에도 3.4% 수준의 가격 상승을 보이고 있다는 점이다. 국외 경제여건상 불확실성이 제거되지 않은 상태에서 집값 대세 하락론(?)으로 인해 상승보다는 하락 쪽에 무게중심이 쏠려 있다는 점이다.

불확실성은 더 커졌다. 상황은 녹록지 않지만 그럼에도 30대의 '내 집 마련' 전략은 분명하다. 첫째, 청약통장에 가입해 청약 조건을 갖추는 것이 필요하다. 기존 민간아파트보다는 상대적으로 분양 가격이 저렴하고 입지가 양호한 보금자리주택을 목표(target)로 삼아야 한다. 둘째, 청약 조건이 갖추어진 30대라면 도시 외곽보다는 기존 기반시설이 갖추어진 도심지역의 민간아파트 청약에 집중하는 것도 방법이다. 이것은 앞으로 도시재생사업 등을 통해 기존 도심의 경쟁력이 높아질 것이기 때문이다. 따라서 외곽지역과 차이 나는 분양 금액에 솔깃하기보다는 도심 활성화로 인한 경제적 편익에 관심을 갖는 편이 효과적이다. 셋째, 30대의 라이프 사이클상 육아와 (초등학교) 교육 환경이 필연적으로 요구된다는 점에서 신규 분양보다는 환경이 구비된 재고주택을 선택하는 것도 방법이다. 여타 기회비용을 생각하면 오히려 현명한 선택일 수 있다. 이때도 역시 역세권 여부, 단지 전체 세대수, 향, 조망과 향후 발전 가능성(도심 활성화) 등 가치(value) 있는 물건을 찾는 지혜는 필수다.

30대의 '내 집 마련' 전략은 선배 세대와 달라야 한다. 무조건 잡아두면 상승할 것이라는 막연한 기대감이 더 이상 통하지 않기 때문이다. 그런 점에서 지금의 선택은 후회 없는 '불패전략'이어야 한다. 제반 상황과 여건 때문에 대부분 피로감을 느끼고 방향을 제대로 찾지 않을 때가 기회다. 30대의 '불패전략'은 지금의 상황을 '기회'로 만들 수 있는 사람에게만 열려 있다. 지금 그것을 알면 앞으로의 변화에도 능동적일 수 있다. 지금은 전환기다.

03
40대의 '내 집'과 '중산층(Typical Middles)' 전략

일부 대출을 끼고 있지만 40대가 되어서야 두 번의 갈아타기를 통해 현재의 집을 마련했는데 불안하다. 집값이 갈피를 잡지 못하고 있거니와 최근 집값의 향배와 관련해서 언론을 통해 접하게 되는 '대세 하락론'이 설득력(?)을 얻고 있는 듯 보이기 때문이다. 그런데 사실 불안한 진짜 이유는 현재 살고 있는 집 외에 집값이 앞으로도 오를 것이라고 보고 재테크 차원에서 투자한 집이 따로 또 있기 때문이다. 적금과 오르지 않던 펀드 등을 해약 또는 환매해서 현재 중도금을 치르고 있는데 완공되려면 1년 반 정도 더 기다려야 한다. 완공 이전에 집값 반등이 어려워지면 문제는 심각해진다. 당연히 한 채의 주택을 처분해야 함과 동시에 금리 인상 등 출구전략에 따른 담보대출 부담을 최소화하기 위해 아예 기존 주택을 처분하고 다른 주택으로의 이주까지 생각하고 있다.

40대는 인생의 갈림길 정중앙이다. 선택한다고 마음대로 선택할 수도 없지만 순간의 선택이 달라지면 그야말로 인생이 바뀌는 중차대한 시점이다. 그런 이유 때문에 하나하나가 모두 중요하다. 제일 중요한 것이 직장에서의 확고한 포지션이다. 지금까지 오기에도 힘들었지만 지금부터가 더 중요하다. 가계지출이 늘고 있다는 점에서 더욱 그러하다. 이런 이유로 '사오정' 넘기고 '오륙도'를 생각해야 하는 스트레스는 그야말로 상상초월이다. 다른 길을 가고 있는 많은 동료들의 이야기는 남 얘기가 아니다. 그렇기에 인생역전을 위한 '한 방'을 기대하기도 한다. 그러나 그런 '한 방'이 하늘에서 그냥 떨어지지 않는다는 것을 40이면 다 안다. 그래서 40대가 꿈꾸는 지상 최대의 희망이 바로 '전형적인 중산층(Typical Middles)'이다.

삼성경제연구소 보고서에 따르면 전형적인 중산층은 월소득 350만~419만 원 정도의 가구들이 이에 해당된다. 우리나라 도시 근로자 가구당 월평균 소득을 조금 웃도는 사람들이 이에 해당된다(참고로 2009년도 3인 이하 도시근로자 가구당 월 평균 소득은 388만 8,647원이다). 이들은 일과 건강, 가족을 중시한다. 또한 가족이 함께하는 활동이 많고 부부의 결혼만족도도 다른 계층에 비해 월등히 높은 편으로 나타났다. 그러나 어떤 의미에서는 중산층으로 남는 것도 어려운 것이라는 것을 알 수 있다.

그렇다면 중산층으로 남기 위한 '내 집' 전략은 무엇일까? 우선, 대출 등 부채가 전혀 없는 완전한 '내 집' 확보가 우선이다. 요즘처럼 집값 불안이 커질 때는 더 그렇다. 집으로 인한 금융 지출을 최소화한다. 아니 아예 없앨 수 있으면 최상이다. 여기에는 집 이외의 부채도 포함된다. 만약 완전한 '내 집' 이외의 집이 있다면 처분하는 게 좋다. 그러나 처분 시점은 지역과 시장 상황에 따라 적기를 따로 따져야 한다. 지금이 적기는 아니라는 얘기이기도 하다.

레버리지 효과(leverage effect)를 기대할 수 없는 시장에서는 오히려 부동산 이외의 자산 포트폴리오 구성이 바람직하다. 왜냐하면 가격 상승이 기대되지 않는 상태라면 보유 부동산으로 인한 보유세 부담이 증가될 수밖에 없기 때문이다. 결론은 '똘똘한' 거주용 부동산으로서의 '내 집'과 이외에 수익형 부동산 또는 간접투자 등에 투자할 수 있는 금융자산의 포트폴리오로 귀결된다. 이때 '내 집'의 적정 주택가격은 종합부동산세 납부의 기준이 되는 공시가격 9억을 기준으로 삼는 것이 바람직하다. 추가 상승 또는 추가 하락에 대비하면서 세금 부담까지 최소화할 수 있기 때문이다. 사실 앞으로의 주택매도 및 매수 기준가격은 이에 준한다고 봐야 한다. 이외에 여유가 있을 경우 노후생활을 위한 수익형 부동산으로 관심 가져볼 수 있는 것이 정부가 공급을 촉진하고자 하는 준주택으로서의 역세권 오피스텔이다. 추가적으로는 상가가 있을 수 있는데 위치와 크기는 자기의 부담능력과 향후 지역 발전 가능성 등을 감안할 필요가 있다.

40대는 시간이 없다. 이것저것 준비하기에도 경황이 없다. 아니 짧다. 순간의 선택이 그래서 중요하다. 지금과 전혀 다른 길을 모색한다면 더욱 그렇고 현재를 연장한다고 하더라도 하늘에서 떨어질 '한 방'이 없다면 선택은 자명하다. 확실한 '중산층'으로 남아 가늘고 길게 갈 방도를 모색하는 게 답이다. 지금의 40대에게 일생일대의 마지막 '히든 카드(hidden card)'가 있다면 올해 우리나라 경제성장률 반등과 출구전략 전후의 분위기를 어떻게 활용하느냐가 될 듯하다. 지금 40대의 '전략적 모색'이 중요한 이유가 여기에 있다. 지금의 선택이 평생을 좌우한다. 시장이 그렇게 강요하고 있다.

04

50대 베이비 부머(Baby Boomer)의 '내 집' + '생각'

50대는 힘들다. 회사 정년도 얼마 남지 않았는데 사오정 탓인지 '눈치 밥'이라는 자괴감이 하루하루를 힘들게 한다. 정년을 생각하면 복잡해진다. 자신이 보살펴야 하는 노모가 생존해 계시기 때문이다. 그런 이유로 정년 이후가 걱정스러울 수밖에 없다. 최근에는 다른 문제 때문에 신경이 더 쓰인다. 덜컥 날짜 잡은 자식의 혼례와 관련된 지출이 부담스럽기 때문이다. 첫째이고 보니 생각하지도 않았던 지출이 끝이 없다. 나름 준비한다고 조금씩 모아 둔 목돈은 '일'을 치르기에는 주머니가 얇아도 너무 얇다.

우리의 50대는 위로는 부모님을 모시는 마지막 세대이자, 아래로는 자식들로부터 대접받기 힘든 첫 세대다. 그야말로 '낀세대'다. 그렇다고 원망하지 않는다. 억울해하지도 않는다. 그때는 모두 그렇게들 살아 왔다. 그야말로 다들 천운(天運)이 거기까지인 셈이다. 여건상 많이 배우지 못했고, '소녀시대'와 '소시'의 차이와 'SS501(더블에스오공일)'이 뭔지, 어떻게 읽어야 하는지는 모르지만 그럼에도 최선을 다해 살아 왔다는 자기만족만이 마지막 자존심이다. 그런데 막상 닥칠 정년을 생각하면 아찔하다. 퇴직 후 남는 것은 중간 정산한 약간의 퇴직금과 국민연금 그리고 첫째 낳고부터 살아온 집과 와이프가 비상금으로 저축했을 은행 돈이 전부인 까닭이다. 그나마 국민연금이라도 받고 서울에 40평대 아파트라도 있으니 '재벌' 측에 낀다고 얼마 전 모임에서는 친구들에게 '벌주'를 내기도 했다. 그런 호기 뒤로 앞으로 '무엇으로 뭘 먹고 살아야 하나?' 하고 스스로에게 물으면 그냥 먹먹해진다. 그런게 한두 번이 아니다.

생각이 퇴직 후까지 미치면 그나마 가지고 있는 '내 집'도 고민거리다. 퇴직 후 생활비가 부족해질 경우 최후의 '보루'가 바로 집인데 이 집을 어떻게 해야 하는지 판단이 서지 않기 때문이다. 위로는 부모 모시기 위해, 아래로는 자식들 출가시키기 위해 있는 돈 없는 돈을 다 쓰고 남는 것이 집인데 아직도 대학 졸업 후 취업 못하고 있는 막내자식을 생각하면 이 집이라도 남겨 줘야 앞가림하는 데 보탬이 되지 않을까 생각되기 때문이다. 자신과 같은 또래의 사람이 퇴사하면 2.5명 이상의 신입사원을 뽑을 수 있다는 며칠 전 신문기사 내용 때문은 아닌데도 집에 들어와 막내를 보게 되면 괜시리 할 말도 못하게 되는 자신을 본다. 자신의 어쩔 수 없었던 짧은 학력이 콤플렉스였기에 자식만큼은 대학까지 졸업시켰는데 이제는 취직 걱정을 해야 하는 세상이 다만 야속할 뿐이다.

문제는 또 남는다. 퇴직 후 별다른 수입원을 만들어 놓지 않는

한 생활비를 충당할 소스가 전혀 없다는 점이다. 가장 위험성이 적다는 프랜차이즈라도 좋은 자리에서 하려면 퇴직금 갖고는 어림도 없다. 결국 집을 담보로 대출을 받아야 하는데 그것도 요즘처럼 집값이 요동칠 때면 가능하기나 한 일인지 스스로는 답을 찾지 못한다. 그렇다고 최근에 장가 보낸 첫째에게 도움을 청할 걸 생각하면 그건 답이 될 수 없다는 생각에 손사래가 먼저 쳐진다. 본인은 부모를 모셨지만 자식들에게는 절대 손 벌리고 싶지 않다. 아니 마지막까지 스스로 손을 내밀지는 않을 다짐을 다시 한다.

우리나라의 베이비 부머는 1955년에서 63년 사이에 태어난 현재 47세부터 55세까지의 사람들이다. 우리나라 인구 가운데 712만 5,347명으로 전체 인구의 14.6%를 차지한다. 이 가운데 대기업 또는 이에 준하는 기업에 다니는 55년생들의 정년이 곧 시작된다. 임금피크제 등으로 근무연한이 늘어날 것이라는 희망도 있지만 많은 기업들은 관심이 없다. 그래서 이들 50대의 머리는 항상 무겁다. 퇴직 후 '내 집'에 대한 생각과 꼬리에 꼬리를 무는 또 다른 '생각'으로 머리가 아프다. 어깨는 처져 있고 웃음은 헛헛하지만 그래도 희망은 있다. 내일은 회사에 출근해서 '내 집'을 생각하며 '포트폴리오 리모델링(portfolio remodeling)'이라는 주제어 검색을 해볼 생각이다. 업무 연관성으로 회사에서 학비까지 지원해주는 좋은 회사에 다니는 친구가 본인이 다니는 부동산대학원에서 들었는데 마음에 와닿더라는 얘기를 들은 바 있기 때문이다. '내 집' 때문에 그래서 오늘은 행복하다.

05

60대를 위한 '내 집' 재투자 전략

60대는 인생의 세 번째 터닝포인트(turning point)이다. 성인식을 갖는 20대가 첫 번째 전환점이라면 40은 진정한 주체적 자아로서 사회생활을 시작한 지 20년째 되는 두 번째 전환점이다. 그리고 또 20년이 지난 육십은 은퇴 이후 새롭게 시작되었거나 또는 시작을 준비해야 하는 세 번째 전환점임과 동시에 새로운 인생의 시작점이기도 하다. 많은 것을 이뤘고 이루지 못했다고 하더라도 크게 욕심 낼 수 없는 세 번째 인생을 사람들은 어떻게 준비하고 있을까?

최근 국내 모 생명사에서 우리나라 성인을 대상으로 실시한 조사에 따르면 성인 2명 중 1명은 은퇴 후 자녀로부터 노후 생활비 보조를 받지 못할 것으로 예상하고 있는 것으로 나타났다. 노후 생활비로는 월 200만 원대(200만~300만 원 32.7%, 300만~500만 원 27.4%)를 예상하고 있는 사람이 많았음에도 정작 조사 대상자의 40%는 노후준비를 하지 않고 있는 것으로 조사됐다.

자식에게 의지할 생각도 하지 않으면서 노후 준비도 하고 있지 않다는 결과에도 불구하고 노후준비로 가장 선호하는 것은 임대용 부동산(35.2%)이었다. 그야말로 희망사항인 셈이다. 연금(34.2%), 금융자산(22.5%), 토지(5.1%), 아파트(3.1%) 등이 그 뒤를 이었다. 금융자산과 부동산에 대한 적절한 포트폴리오의 구성은 차치하고서라도 임대용 부동산을 선호하는 이유는 분명해 보인다. 은퇴 이후의 생활비 마련에 월정액의 수입(income gain)을 확보할 수 있는 방법으로 임대용 부동산만큼 분명한 것이 없기 때문이다. 또한 임대용 부동산의 특정 상품(예, 오피스텔, 상가 등)이 보유 기간 중에 가격이 오른다면 그야말로 '도랑 치고 가재 잡고' 식의 효과(capital gain)를 기대할 수 있기 때문이다.

그렇다면 '내 집'과 관련해서 60대의 세 번째 인생을 위한 투자전략은 어떻게 짜면 좋을까? 이 시기는 대부분 은퇴했거나 또는 은퇴를 앞두고 있는 경우가 많다. 결국 지금 '쓸 돈'과 앞으로 '쓸 돈'을 구별해야 한다. 그러기 위해서는 무엇보다 본인의 현 보유 자산을 기초로 포트폴리오(portfolio) 리모델링에 착수해야 한다. 보유자산의 금융/부동산 비중은 지금 쓸 돈과 앞으로 쓸 돈에 따라 적절히 안배한다. 그러나 현재 보유하고 있는 주택이 은퇴 시기의 라이프사이클(lifecycle)에 비해 규모가 큰 중대형 평형대로 다소 크다면 자녀들의 출가 시점 등을 감안해서 규모를 줄일 필요가 있다. 쉽게 얘기하면 한 채의 부동산을 두 개 이상으로 구분할 필요가 있다. 하나는 거주용으로, 하나는 상가 또는 오피스텔 등의 수익형 부동산으로 구분하는 것이 그것인데, 수익형 부동산을 통해 지금 '쓸 돈'의 조달 기반을 만드는 것이 바람직하다. 이것은 노후 준비로 가장 선호되는 것이 '임대용 부동산'이라는 앞서 언급한 조사 결과와도 맥을 같이한다.

만약 단독주택이나 주택개발이 가능한 토지를 소유하고 있다면 근린생활시설로서의 상가용 건물을 통해 거주를 해결하면서 동시에 임대수익까지 얻을 수 있는 방안을 고려해 볼 수 있다. 이때 관건은 접근성이 양호한 입지인가의 여부에 따라 수익형 부동산으로서의 임대 여부와 향후 자본이득(capital gain)에 적지 않은 영향을 미친다는 점에서 입지(location)에 대한 적절한 판단이 선행되어야 한다. 부동산 시장의 정황을 고려해서 부동산 대세 하락에 대한 우려가 크다면 오히려 리스크 관리차원에서라도 이 부분은 반드시 짚어 봐야 하며 만약 개인적 확신이 서지 않는다면 오히려 금융자산의 비중을 키우거나 아예 갈아타기를 감행해야 할 시기도 바로 이때다.

60대는 다른 연령에 비해 정서적으로는 오히려 안정된 시기라고 할 수 있다. 더 이상 욕심 내지 말아야 할 것에 대한 미련을 버렸기에 그렇다. 그러나 미래에 대한 노후대책은 어느 연령보다 구체적이어야 한다. 60대 초입의 준비와 결정이 앞으로 최소한 20여 년의 '삶의 질'을 결정하기 때문이다. '인생은 길고 준비할 시간은 짧다'.

06
70대의 '내 집'과 버킷 리스트(Bucket List)

70대에도 아들에게 '차 조심'을 당부한다. 그런다고 혼난다. 그러면서도 어쩔 수 없다. 부모 마음이라는 게. 주변의 친구들도 이제는 하나, 둘 보기 어렵다. "이사 갔냐고? 이사 갔지, 하늘나라로." 얼마 전에 봤던 신문에 우리나라의 평균 수명이 2008년 현재 80.1세라는 것을 확인한 순간, 이제 나도 '그때'를 준비해야 하겠구나 하는 생각이 들었다. 그러면서 얼마 전 아무것도 없이 입적한 법정 스님을 생각했다. 이제 갓 70을 넘기면서 그나마 무탈하게 지나온 것에 감사할 따름이다.

문제는 고정수입은 오래전부터 전혀 없는데 여전히 생활비가 필요하고 씀씀이가 줄어들지 않는다는 데 있다. 그리고 앞으로도 최소한 10년 정도는 생활비로서의 비용이 더 요구된다는 사실이다. 자손들이 조금씩 보태주는 용돈으로 충당하고는 있는데 몇 해 전 수술한 이후 정기적으로 사먹는 약값과 진료비에 보태기도 빠듯하다. 그렇다고 생활비가 좀 더 필요하다는 말을 자손들에게 하기에는 염치가 없는 터라 내색도 하지 못하고 있다. 언젠가 아들

네가 손주들 데리고 왔을 때 저녁 식사 자리에서 함께 본 TV에 '주택연금' 관련 내용이 소개될 때 "생활비도 넉넉하게 못 챙겨드리는데 더 늦기 전에 눈치 보지 마시고 저렇게라도 해보시라"는 얘기에 '무슨 뚱딴지 같은 소리', '누구 좋으라고 그나마 이것 하나 있는데'라고 생각했는데, 어쩌면 그 말이 맞겠다는 생각이 든다. 그렇게 손벌리지 않는 게 오히려 자손들 도와 주는 것이겠구나 싶다.

요즘 경제 여건이 어려운 탓인지 역모기지(reverse mortgage)라는 '주택연금'을 신청하는 사람들이 늘고 있다는 얘기도 들었다. 주택연금은 부부 모두 60세 이상인 고령자가 소유한 주택을 담보로 맡기고 금융회사에서 노후생활자금을 연금방식으로 대출받는 제도다. 시가 9억 원 이하인 1가구 1주택 보유자가 대상으로 근린주택이나 상가, 오피스텔은 제외된다. 연금은 대출자의 연령과 집값 등에 의해 결정되며 연령이 높고 집값이 비쌀수록 더 많이 받을 수 있다. 나 같은 경우에는 주택연금을 신청하면 자손들이 보태주는 생활비보다 여유가 생기는 편이니 오히려 말년에 이전까지 누리지 못했던 풍족한 생활도 가능(?)할 듯하다. 생각이 거기에까지 미치자 갑자기 하고 싶은 것들이 많아졌다. 죽기 전에 해야 할 일을 적은 목록을 두고 '버킷 리스트(bucket list)'라고 하는 모양인데 몇 가지 적고 보니 이 나이에도 하고 싶은 게 이렇게 많구나 하는 생각에 갑자기 엔도르핀이 생기는 듯하다.

첫째, 조그만 중고차라도 하나 살 생각이다. 몇 해 전 차 쓸 일이 뭐 있겠나 싶어 차를 바꾸려는 막내에게 줬는데 정작 아쉽던 터다. 못 가본 곳을 중심으로 그야말로 '슬로 여행'을 다녀볼 생각이다. 물론 여행지에서의 '맛집' 순례를 위해 이제서야 감 잡은 인터넷 서핑을 통해 음식점 리스트를 따로 준비할 생각이다.

둘째, 조심조심 운전해서 여행지로 향하기 전에 애들 집에나 들러 손주들에게 용돈이나 맘 편하게 줬으면 싶다. 지금도 가끔씩 찔러주는 1만~2만원 때문에 애들 버릇 나빠진다는 구박을 듣지만, '뭔 상관'. 공자가 논어에서 말한 "일흔이 되어서는 무엇이든 하고 싶은 대로 하여도 법도에 어긋나지 않는다(七十而從心所欲 不踰矩)" 는 '종심(從心)'의 단계가 아닌가? 내가 곧 '마음'이다. 돈이 생긴다고 생각하니 마음이 움직인다. 이번에 중학교 졸업한 큰손주에게 5만 원 정도 줄 생각이다. 셋째, 6·25전쟁 때 북에서 남으로 피란 나와서 신세졌던 몇 분들에게 감사의 식사라도 대접하고 싶다. 먼 친척보다 가까운 이웃이 더 고맙고 그립다. 넷째, 몇 해 전에 막내딸이 사준 '똑딱이(사진기)'를 요즘 나오는 신상으로 바꿀 생각이다. 화면도 크고 메모리 용량도 큰 것으로 바꿔 여행 다니면서 찍은 사진들을 인터넷에 올려 '여행 일기'를 써볼 생각이다. 산행을 즐기는 옆 아파트의 '김 씨'한테 배워 개인 블로그도 활용해 보고 싶다. 칠십 나이에 블로거가 되어 온라인 세상에서 젊은이들과 공감하고 싶다. 아니 '존재의 이유'와 '존재의 가치'를 보여주고 싶다. 나이 어린 인생 후배들에게 '니들도 언젠가는 늙는다'는 과정을 이야기해 주고 싶다.

아직도 하고 싶은 일들이 있다. 아니 많다. 그러자니 현실적으로 '총알(현금)'이 필요하다. 있으면 좋은 게 아니고 없으면 불편하다. 그것을 남에게 꾸는 것도 아니고 내가 가진 것으로 해결할 수 있는 주택연금은 꼭 나 같은 사람을 위해 만들어 놓은 것 같다. 인생은 길고 쓸 돈은 없다. 정확히는 쓸 돈이 없는 게 아니라 어떻게 융통해야 하는지 판단 내리지 못하고 있다는 게 솔직한 심정일 듯하다. 마음속으로는 결정했는데, 그리고 나름 계획도 만들어 놨는데……. 그런데 이 얘기를 언제 꺼내야 하나?

IV
'주택'을 통해 보다:
주택의 정치학

01
하우스 푸어에 대한 '안철수의 생각'

가계부채에 대한 '안철수의 생각'은 민주당을 닮았다

안철수의 하우스 푸어에 대한 생각은 민주당과 닮았다. 대선과 관련해 지명도 높은 잠룡 가운데 한 명이라는 이유로 관심이 지대하던 터에 각종 사회 현상 및 상황에 대한 그의 생각이 담긴 책이 발표됐다. 『안철수의 생각』이 그것이다. 이유야 어떻든 사회적으로 뜨겁거나 정치적 견해가 피력되어야 할 부분들에 대한 생각을 밝혔다. 그래서 정치권에서는 이 책을 사회 현안에 대해 전방위 견해를 밝힌 대선 공약집으로 보았다.

내용 가운데 안철수는 가계부채에 대한 나름의 견해를 피력했다. 내 집을 갖고 있음에도 가난한 사람이라 일컫는 '하우스 푸어'의 대부분이 집을 담보로 주택을 구입함에 따라 가계부채의 대부분이 주택담보대출이라는 점에서 가계부채에 대한 안철수의 '생각(방향)'은 나름의 개인적인 견해를 넘어 향후 주택정책에 대한 방향성과 맥을 같이한다고 할 수 있다. 가계부채에 대한 그의 솔루션을 통해 주택시장 또는 주택정책과 관련된 어떤 방향성을 엿볼 수 있을까?

가계부채 해소를 위해 DTI(총부채상환비율) 및 주택담보대출비율(LTV)에 대해서는 규제 유지가 필요하다고 했다. 이유는 이렇다. DTI나 LTV 규제를 푼다고 하더라도 부동산 거래 활성화에는 별 도움이 되지 않으며 오히려 이러한 규제 완화가 기존의 가계부채를 더 키울 가능성이 높다는 것이다. 결국 수익은 늘지 않는 현재의 경제상황에서 주거·교육 등 가계부담은 더욱 늘어날 것이고 그렇다면 1,000조에 달하는 가계부채가 DTI나 LTV 규제 완화로 인해 더욱 증가될 것이라는 논지다. 따라서 DTI나 LTV 규제 완화가 목돈이 필요한 서민들에게는 생활고를 해결하기 위한 방편으로 악용될 가능성을 염두에 둔 언급이랄 수 있는 대목이다. 또한 DTI나 LTV 규제 완화는 부동산 가격 상승에 대한 기대심리를 부추길 수 있으며 관련 없는 규제 완화가 오히려 억지로 가격을 떠받치는 인위적 부양책으로 활용되는 것을 경계한 듯 보인다.

빚을 얻어 주택을 구매한 후, 원리금 상환 부담으로 생활고를 겪는 '하우스 푸어'에 대한 문제해결 방안 역시 가계부채 경감 차원에서 대출 만기를 연장하고 변동금리를 장기고정금리로 바꿔야 한다는 생각이다. 이런 맥락에서 우리나라의 주택 대출도 선진국처럼 20~30년 만기의 장기대출 형태여야 한다고 밝히고 있다. 결국 가계부채에 대한 구조조정의 필요성을 관련 제도의 정비 등을 통해 강조한 것이라고 할 수 있다.

DTI 규제 완화, 이미 읽힌 '패'
현재의 주택시장 여건 개선에 효과적이지 않아…

최근 정부는 내수활성화를 위한 청와대 민관 합동토론회를 통해 상징처럼 남아 있던 DTI 규제를 부분적으로 완화하기로 결정했다. 내수진작을 통한 주택시장 활성화 방안으로서의 정부의 고민을 모르는 바는 아니나 정부의 이러한 결정에도 불구하고 대외경제여건의 불확실성이 보다 커지고 있는 상황에서 그리고 이미 DTI 규제 완화라는 '패'가 시장에서 읽힌 것을 감안하면 이번 조치로 주택시장이 활기를 찾기는 역부족일 것으로 보인다. DTI 규제 완화에 따른 정책적 효과는 5·10대책(2012) 발표 이전 시점부터 이미 시장에 반영되었다고 보는 것이 맞다.

이런 이유로 부동산 시장 활성화 차원에서의 DTI 규제 완화는 불필요하다는 '안철수의 생각'이 작금의 주택시장 분위기와 맞물려 감성적으로 소비자들에게 더 와닿을 수 있다. 왜냐하면 DTI 규제를 완화하지 않고도 이미 '하우스 푸어' 문제는 사회 문제일 만큼 커졌기 때문이다. 소위 양도세 철폐의 정책적 대상자들인 다주택자들까지도 하우스 푸어의 증가 등으로 실제 거래가 이루어지지 않아 양도세 철폐에 따른 주택매도 세제 효과를 현실적으로 기대하기 어렵기 때문이다. 지금은 거래 증가를 기대할 만한 타이밍도 아니기 때문이다. 여기에 그치지 않는다. 이런 와중에 DTI 규제 완화를 통해 대출을 늘리고, 늘어난 대출을 통해 신규 대출 수요가 주택시장의 침체로 인해 다시금 하우스 푸어의 대열에 편입될 수

있는 현실적인 상황 전개 가능성에 대해 논리적으로 그렇지 않다
고 변명하기는 어렵기 때문이다. 바로 이런 이유로 안철수 식의 가
계부채를 줄이기 위한 대출 만기 연장과 장기 고정금리와 20~30
년 장기 대출 형태의 금융구조의 변화와 개선을 위한 주장이 보다
설득력을 얻을 수 있다. 견해로서의 생각으로 그것도 책이라는 매
개를 통해 발표되었지만 이전에는 없었던, 이전 사람들과는 다른
방식으로서의 '생각'이 많은 사람들에게 공감되고 있다.

안철수의 '부동산 철학',
실물(實物) 시장에 대한 대안적 이해 높여야…

그러나 가계부채를 줄이기 위한 진단과 바람직한 방향 설정에
도 불구하고 안철수의 생각에는 일정한 한계가 존재한다. '문제가
있으니 해결방안이 필요하고 해결방안은 이전(정부의 대책)과는
달라야 한다. 따라서 현상에 대한 해결방안은 이전(정부)과는 다
른 방향, 다른 결과를 나타낼 수 있는 수단으로 강구되어야 한다'
는 정치적 프레임을 염두에 두고 나온 처방이라면 그것은 옳지 않
다. 지금의 주택시장은 단순히 특정 제도 또는 시스템의 문제 해
결만으로 활성화되거나 분양시장의 청약열기 호조에 따른 '분양
(지방시장) 훈풍'이 아닌 기존 주택의 거래 부진이 해결되지 않는
다. 유럽발 경제위기의 심각성과 불확실성이 다시금 높아지는 상
황에서 우리나라 주택 및 부동산 시장의 전환기적인 구조적 변화
가 맞물려 복합적으로 나타난 형국이기 때문이다. 주택보급률의

향상, 1인 가구의 증가, 베이비 부머의 은퇴, 지역 하위시장의 탈
동조화 등이 구조적 변화를 보다 부추기고 있다. DTI 규제 완화를
통한 대출의 증가가 총량적인 가계부채의 증가를 의미하더라도
일정 계층의 대출 확대는 거래 증가를 통한 내수의 숨통을 트이는
데 기여할 수 있으며 이러한 내수 진작이 전체 시장까지는 아니더
라도 일부 하위시장(sub-market)의 여건 개선에는 효과적일 수 있
기 때문이다. 지금의 시장이 양극화 내지는 탈동조화 시장임을 감
안할 때 불가피한 선택일 수 있다는 얘기다.

어쩌면 지금의 주택시장에 필요한 것은 대권 도전 가능성이 있는
개인으로서의 '안철수의 생각'보다 시장(market)의 방향에 대한 적절
한 이해와 이에 대한 현실적으로 작동 가능한 정책적 수단의 강구일
지 모른다. 생각은 방향이지 구체적인 실현 수단이 아니다. 움직이
는 생물을 생각의 테두리로 설명하려면 생각으로서의 방향이 아닌
정책적 실현 수단으로서의 대안을 보다 명확히 제시할 필요가 있다.
단순히 가계부채와 하우스 푸어 문제 등에 대한 짧은 언급이지만,
이러한 언급이 개인의 부동산 철학에 근거한 것이라면 앞으로는 부
동산이라는 실물에 대한, 실물 시장에 대한 보다 구체적인 대안적
모색의 결과가 제시될 필요가 있다. 부동산 시장은 실물로 움직여지
는 살아 있는 '생물'이기 때문이다. 정치 또한 '생물'이라고 하는데
그런 전차로 우리나라의 부동산에 대한 관심이 뜨겁다.

(본 내용은 2013년 5월 2쇄 때 추가됨)

02

박근혜 '정부 3.0' vs. 주거 3.0

'정부 3.0'에서 말하는 정부의 방향성
그리고 주택정책

연말 대선을 바라보는 관점 포인트는 인물이 아니라 결국 공약일 듯싶다. 전혀 새로운 사람이 없다는 점에서 사람 중심의 인물론보다는 오히려 경선에 나선 그들이 내세울 공약에 대한 궁금증이 앞선다. 이런 차제에 대선 후보로 나선 이들이 자신의 정치적 방향과 관련해 슬로건 또는 방향을 제시하는 키워드를 내놓고 있다. 슬로건으로서는 '저녁이 있는 삶', '내 꿈이 이루어지는 나라', '사람이 먼저다' 등이 있다. 정치적 방향으로서는 '평등국가', '빚없는 사회' 등이 있다. 그런 가운데 '정치 3.0'이 있다.

'정부 3.0'의 골자는 이렇다. 지금까지의 일방향의 정보 제공이 정부 1.0이라면 앞으로는 쌍방향의 정부 2.0을 구축하고, 이를 바탕으로 개인별 '맞춤행복'을 지향하는 정부 3.0을 구현하겠다는 구상이다. 이런 의미에서 행정 주체로서의 정부가 일방향에서 쌍방향으로 그리고 개인별 맞춤으로 국민의 행복을 추구하겠다는 의지를 상징적으로 표명했다고 볼 수 있다.

이런 의미에서 정부 3.0은 '웹(WEB) 3.0'의 진화를 닮았다. '웹 3.0'으로서의 인터넷 환경은 아직 정의되지 않았다. 현재의 웹 환경이 버전으로 치자면 2.0 시대이기 때문이다. 그렇지만 IT 기술의 발전과 속도를 감안할 때 일방향으로서의 웹 1.0 시대와 쌍방향으로서의 웹 2.0 시대를 넘는 진일보한 형태임에는 분명할 듯싶다. 쌍방향으로서의 트위터(twitter), 페이스북(facebook) 등 소셜 네트워크 서비스(SNS)가 보여주고 있는 소통이 그러한 기대를 가능하게 하기에 충분하기 때문이다.

그렇다면 '정부 3.0'은 구체적으로 어떤 형태일까? 위와 같은 이유로 아직 정의 내리기 어렵다. 왜냐하면 버전으로서의 3.0은 아직 '이렇다', '이런 것이다'라고 확정된 개념 또는 확정된 실체가 없기 때문이다. 다만, '그럴 것이다' 또는 '그렇게 추구될 수 있다'는 정도의 언급이 가능할 뿐이다. 그런 이유로 이에 대해 이렇게 설명하고 있다. 이를테면 공무원들이 자신의 정보를 개인 하드디스크에 저장(하고 일방으로 행정업무를)했다면 이제는 가상의 공용 정보집적장치인 클라우드 시스템에 저장함으로써 다른 정부부처와 공유(쌍방향 소통)하는 것은 물론 대민 서비스에도 활용(맞춤 행정)하자는 취지라는 것이다. 예컨대 '노인복지'에 정보파일을 여러 정부 부처는 물론 지방자치단체, 민간기업, 일반 국민도 이용할 수 있게 되므로 정보 접근이 일목요연해지고 쉬워진다는 것이다. 정부가 이런 시스템을 갖추면 정부가 갖고 있던 정보들이 다 공개되고 이를 통해 아이디어와 정보를 갖고 있는 젊은이들이 선호할 수 있는 일자리들이 구축단계에서부터 창출되어 42만 개 수준의 1인 창조기업이 만들어질 수 있고, 그 시장 규모가 GDP의 0.05%인 약 5조가 넘을 것이라는 것이다. '정부 2.0'에 기반해 '3.0'에 도달하는 기간을 대략 5개년 계획으로 잡고 있으며, 일방에서 쌍방향으로의 전환과 자료의 공유와 공개를 통한 소통은 정부정책에 대한 공감대가 확대될 것으로 보고 있다. 또 이러한 과정을 거쳐 정부와 국민들의 상호 이해와, 정부와 민간의 협치를 이루어 내고, 국민들의 다양한 정책 아이디어가 수렴되고 반영될 수 있을 것으로 보고 있다. 정부 3.0의 정책 방향성과 정책 추진의 시스템을 설명한다. 따라서 예외 없이 각론 부분(부서별 정책방향 설정, 예: 문화부의 문화 3.0, 국토해양부의 주거 3.0 등)의 정책적 방향 내지는 시스템을 설명할 수 있어야 한다. 예를 들면 주택정책의 방향성도 읽혀야 한다. 언급은 없지만 최소한 이러한 변화를 반영해야 한다.

정부 3.0 그리고 '주거 3.0'

주거 3.0 역시 아직 정의되지 않았다. 그러나 '정부 3.0'과 마찬가지로 그 용례를 통해 설명할 수 있다. 주택이 부족했던 시절에는 주택만 있으면 됐다. 그래서 주택 절대부족 시대인 1960년대, 70년대 당시 대부분의 주택이 서로 비슷한 형태, 비슷한 규모였다. 산업화·도시화가 시작된 1960~70년 이후부터 불과 얼마 전 까지 주택부족 문제는 지속됐다. 바로 '주거 1.0' 시대였던 셈이다.

그러나 주택의 양적인 문제가 어느 정도 해결되기 시작한 시점 이후부터는 단순한 주택보다는 기왕이면 가격이 오르는 주택을 선호하게 됐다. 주택유형으로는 아파트가 대표적이다. 단독주택보다 여러 면에서 편리하고 관리하기 수월하다. 그뿐 아니라 '때'를 맞춰 주듯 가격까지 올라 주니 다른 주택과는 비교가 되지 않았다. 그렇게 알뜰하게 모은 돈으로 커가는 아이들의 방도 하나씩 주어 가면서 주택의 규모도 키우고 시세차익만큼 노후 생활을 설계하기에도 안성맞춤인 아파트는 더할 나위 없는 가장 믿음직한 존재였다. 그렇게 계속 갈 듯 보였다. 그런데 최근 아파트 매매시장을 중심으로 가격 상승폭도 이전만 못하고 지역에 따라서는 하락하는 곳도 생기고 전세가격은 40주 연속 상승하기도 하고 전세가 월세 형태로 바뀌기도 하다 보니 막연한 불안감이 가중되고 있다. 바로 현재의 모습인 주거 2.0 시대이다.

주택정책 방향성으로서의 '주거 3.0'

그렇다고 주거 3.0 시대가 현재 시장의 주택 절대부족의 시대를 넘어 가격으로서의 가치만 존재하는 시대는 아니다. 여기에는 가구 비중 가운데 가장 많은 비중을 차지하는 1인 가구의 증가 추세와 고성장시대에 유지해 왔던 주택공급제도, 여전한 중앙 집중 형태의 주택정책, 대책을 통한 가격 조정으로 잡히지 않는 작금의 전·월세 시장의 미시적 변화와 그러한 변화를 적기에 모니터링하고 정책적 방향을 제시하지 못하는 컨트롤 타워의 부재 등이 상존한다. 결국 수급 부족 문제를 넘어선, 새로운 모색으로서의 주거 3.0으로서의 방향성을 마련해야 할 시점이다. 그럼에도 시장에서는 이미 주거 3.0 형태의 변화가 새롭게 나타나고 있기도 하다. 제한적이기는 하지만 '가격'을 넘어선 '가치', '주택'이 아닌 '주거'로서의 의식 변화가 진행되고 있다. 이는 '아파트 이후(Post APT)'로서의 주택에 대한 모색에서 그 방향성을 찾을 수 있다. 도시지역에 아파트가 아닌 단독주택을 전셋값으로 마련할 수 있다는 '땅콩주택'이 그렇다. 최근에는 비슷한 취미와 생각을 갖고 있는 사람들에 의해 동호인 주택으로서의 '땅콩밭'도 만들어지고 있고, 한옥으로 옮기는 사람들도 늘고 있다. 아니면 '제2의 주택'으로서 멀티 해비테이션(Multi-Habitation)을 꿈꾸는 사람들도 늘고 있다. 모두가 가격으로서의 아파트가 아닌, '아파트 이후(Post APT)'의 주거를 생각하고 있다. 물론 이면에는 비싼 서울 아파트 시장으로서의 진입불가에 따른 어쩔 수 없는 차선으로서의 선택인 측면을 배제할 수 없다.

‘맞춤 행복’으로서의 정부 3.0의 개념은 그래서 주택정책의 방향으로 이러한 내용을 담아내야 한다. 주택이 아닌 주거로서의 주택정책, 이를 위해 총량적 주택공급 위주의 기존 주택공급 제도의 개선, 1~2인 가구를 위한 다운 사이징(down sizing)으로서의 주택정책, 최저주거 및 적정주거, 국민주택 규모 등에 대한 새로운 정책적 방향성의 정립, 소위 사회적 주택(social housing)으로서의 임대주택 공급 확대를 위한 ‘맞춤 공공주택’의 공급 등이 그것이다. 또한 개인 능력으로 개인의 주거를 맞출 수 있는 계층의 주거선택 기회를 돕고, 그렇지 못한 계층에는 최소한의 주거를 확대하는 등의 정책적 방향 또한 모색되어야 한다. ‘맞춤’이란 정부 일방이 아닌, 국민의 수요(demand)와 소요(need)에 맞추는 쌍방향 소통을 근간으로 해야 한다. 그래야 그게 진정한 소통이랄 수 있기 때문이다.

(본 내용은 2013년 5월 2쇄 때 추가됨)

03
노후 아파트 정비, '뉴타운 3.0'

**10년 이내 노후 아파트 200만 호 시대 도래,
노후 아파트 정비 문제 본격화**

우리 사회는 앞으로 인구의 고령화만큼이나 아파트의 노후화가 심각한 사회 문제가 될 것으로 예상된다. 향후 10년 안에 30년 이상 된 주택의 절반 가까이가 아파트가 될 것이고 그 규모도 약 200만 호를 넘을 것으로 예상되기 때문이다. 2010년 기준으로 30년 이상 된 노후 주택은 약 135만 호이며, 이 중 아파트의 비중은 9.1%에 불과하다. 아직 노후 주택의 대부분(116만 호, 86%)이 단독주택인 셈이다. 그렇지만 1990년대 초 건설된 대규모 신도시 아파트들이 30년을 경과하는 2022년 이후가 되면 전체 아파트 재고의 1/3이 어떠한 형태로든 노후도 개선을 위한 조치가 필요한 상황이 된다. 지금까지는 주로 노후 단독주택이 아파트로 대체되는 것이 문제였다면 앞으로는 고밀의 노후 아파트를 과연 어떻게 정비할 것인지가 이슈가 될 것이다.

주택 유형별 준공연수별 현황

(단위: 호, %)

구분	5년 이하 (2005~2010년)	6~15년 (1995~2004년)	16~30년 (1980~1994년)	30년 이상 (1979년 이전)	합계
전체	2,174,160 (15.7)	5,383,734 (38.8)	4,976,596 (35.8)	1,349,081 (9.7)	13,883,571 (100.0)
단독주택	301,950 (8.0)	876,094 (23.1)	1,455,633 (38.3)	1,163,435 (30.6)	3,797,112 (100.0)
아파트	1,719,228 (21.0)	3,652,353 (44.6)	2,690,159 (32.9)	123,323 (1.5)	8,185,063 (100.0)
연립·다세대	137,483 (7.9)	805,201 (46.0)	766,094 (43.8)	41,338 (2.4)	1,750,116 (100.0)

주: 전체에는 비주거용 건물 내 주택도 포함하여 산출함
자료: 통계청(2010), 인구주택총조사

한편, 고령화 사회가 될수록 주택의 수명을 연장하고 기능을 보완하는 재정비 수요는 더 늘어날 것으로 예상된다. 인간의 수명이 연장된 만큼 주택에서 거주해야 하는 총기간이 더 늘어났기 때문이다. 지금까지는 60세 이상의 되면 주택 개보수3)에 대한 투자가 사실상 종료되던 것이 일반적이었지만 앞으로는 노후에 안전하고 쾌적한 주거요건을 갖추기 위해 주택을 개보수하는 데 지금보다 더 적극적일 것으로 예상된다. 전후 세대에 비해 베이비 부머 세대 이후부터는 아파트를 보유하거나 아파트에 거주하는 비율이 높다. 따라서 향후 고령가구들의 주택 성능 개선과 노후 아파트의 문제는 매우 밀접한 관련이 있다고 볼 수 있다.

그런데 문제는 바로 '자금(돈)'이다. 지금까지 아파트를 포함한 대부분의 주택 개보수는 재정비 사업을 통한 개발이익으로 충당

---

3) 일반적으로 주택 개보수라 함은 경미한 공사에서 새롭게 신축하는 재건축까지 범위가 다양한데 여기에서는 리모델링 등 재건축과 같이 대수선에 해당하는 내용만을 다루면서 '주택 재정비'라고 칭하고자 한다.

해 왔다. 부동산 가격이 상승기에 있었고 개발이익에 규모의 경제까지 더해져 비용부담이 가능했다. 그러나 부동산 가격 상승에 대한 기대감이 낮아지면서 이와 같은 방법은 더 이상 가능하지 않게되었다. 특히 고밀 아파트는 이미 용적률이 높아 추가 상승여력이 없어 추가부담금이 늘어날 수밖에 없다. 현재 서울시내 재정비 사업지구의 가구당 평균 추가 부담금은 약 1.3억~2억 원 정도[4]로 조사되고 있다. 이는 은퇴 생활자의 8~10년 정도의 최소 생활자금에 육박하는 수준[5]이다. 그런데 이 비용을 모두 공사 기간(3년)내 납부해야 한다. 이런 이유 때문에 사업 자체를 반대하는 경우도 많다. 은퇴 전후의 시점에 있는 고령가구 중 상당 금액의 추가부담금과 공사 기간의 이주 부담 등을 감내할 소유자가 많지 않을 것이기 때문이다.

국가적 차원에서도 노후 아파트의 성능 개선과 재정비의 필요성은 더욱 늘어날 전망이다. 기후변화와 에너지 문제에 대한 해답이 노후 아파트 재정비와 매우 밀접한 연관이 있기 때문이다. 현재 탄소 배출량의 40%가 기존 건축물에서 방출되고 있다. 따라서 이산화탄소 배출을 억제하기 위해서는 신축 주택보다 중고 주택의 성능 개선이 더 절실하다. 그러기에 주택 재고의 절반 이상을차지하는 아파트의 에너지 성능 개선은 큰 국가적 과제가 아닐 수없다. 그런데 최근 대두되고 있는 '마을 만들기'나 리모델링은 한계가 있다. 벽식 구조의 아파트에 리모델링으로 구현할 수 있는

---

4) 김태섭(2012), "뉴타운 사업 무엇이 문제인가?", 최근 도시정비사업 정책의 진단과 과제 세미나, 한국 건설산업연구원, 주택산업연구원 및 서울시 내부 자료를 참고하였다.

5) 은퇴 후 최소 생활비는 월 158만 원(조선일보 2012년 신년 특집 기사 참조)으로 간주하였다.

성능 개선에는 한계가 있을 뿐만 아니라 한계를 극복한다고 하더라도 경제성이 문제가 되기 때문이다.

노후 아파트의 성능 향상을 위한 새로운 재정비 사업 모델 뉴타운 3.0 제안

그동안 고도성장과 부동산 경기 활황을 배경으로 노후 불량 소형 주택을 중대형 위주의 고급 아파트로 교체하던 방식을 뉴타운 1.0으로 명명할 수 있을 것이다. 뉴타운 1.0은 말 그대로 공급자 및 토지 소유자 중심의 일방적인 개발방식이다. 세입자에 대한 대책도 전무하다시피 했다. 그러나 그 후 주택 재정비 방식은 사회 환경 변화에 따라 수차례 진화해 왔다. 개발이익을 광역 기반시설에 재투자하거나 임대 주택 및 소형 주택 건설의무를 부여하면서 세입자에 대한 정책적 고려를 넓혀 갔다.[6] 최근에는 공공관리자 제도, 마을 만들기 등으로 개발과정의 투명성 제고 및 커뮤니티 보존에 대한 다양한 보완책이 추가되고 있다. 이런 시도들을 뉴타운 2.0 정도로 명명할 수 있을 것이다. 그러나 부동산 경기가 쇠퇴하고 에너지 문제가 심각해지는 고령 사회에 늘어나는 노후 아파트 재정비에 대한 고민은 아직 본격화되지 못하고 있다. 뉴타운 3.0은 바로 마을 만들기나 리모델링 등으로는 수선이 어려운 노후 아파트를 대상으로 한 재정비 방식의 하나이다. 노후 아파트 재정

---

6) 세입자 등 수요자에 대한 배려와 공공성을 추구했다는 점에서 뉴타운 2.0으로 명명한다.

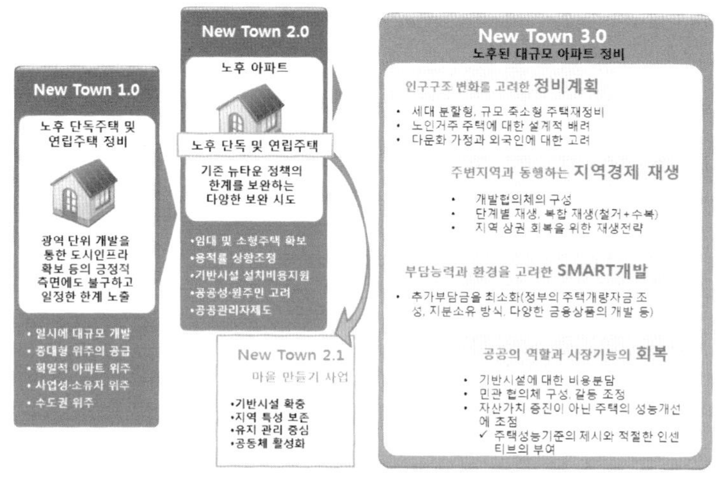

자료: 미래성장위원회(2012), 「미래성장을 견인하는 건설산업의 새로운 미션」

뉴타운 방식의 종류와 진화

비 역시 지역 주민들과의 커뮤니티 보존이나 에너지 효율 증진 등
이 중요한 가치가 되어야 할 것이다. 그러나 노후 아파트의 가장
현실적인 문제는 경제적인 문제이다. 이 모든 것이 '비용'과 관련
이 있기 때문이다. 특히 부동산 경기 쇠퇴기를 맞아 지불능력이
떨어지는 고령 가구들에 어떻게 이와 같은 비용을 부담케 할 것인
가는 매우 중요한 문제가 될 것이다.

지분총량제: 지불 능력에 맞춘 '경제형 재정비' 방식

지분총량제 방식은 아파트 소유자들이 주택경기에 크게 의존하지
않고 용적률 상승이나 공공 지원 없이도 추가 부담금을 줄일 수 있는

자력 개발 방식(self financing)의 하나이다. 보유 아파트의 규모를 축소하고 남은 지분을 공사비용으로 충당하는 방식으로 가구원 수 감소로 인한 소형주택 수요 증가에도 부응할 수 있는 방안이다. 남은 지분을 활용하는 방식에는 모두 매각하여 현금화하는 방식, 혹은 임대주택으로 건설하여 거기서 발생하는 임대수익으로 공사비 등을 상환하는 방식이 있을 수 있다. 이 방식은 주택 규모 확대의 필요성이 낮고 추가 부담금 조달에 어려움이 있는 고령세대(은퇴세대)에 특히 유익할 것으로 예상된다. 얼마 전 정부는 관련 법령을 개정하여 1조합원 1주택 청산 원칙을 변경, 60㎡ 이하의 주택에 한해 재건축 사업 이후 조합원이 거주하는 주택을 포함하여 2주택까지 보유할 수 있도록 하였다. 하지만 지분총량제 방식은 자신이 보유하고 있는 지분하에서 건립 주택

자료: 미래성장위원회(2012), 「미래성장을 견인하는 건설산업의 새로운 미션」

지분 총량제 방식의 내용과 효과 예시

수의 제한을 두지 않는 방식이다. 즉, 재정비 사업의 관리처분 원칙이 주택의 호수에서 지분(면적)으로 변경되는 것이다. 현재의 규모보다 더 작은 주택을 선택하고 나머지 지분으로 생긴 주택은 직접 임대를 주거나 민간 임대사업자에게 위탁할 수도 있어야 할 것이다. 이는 소형주택 공급을 자연스럽게 확대시키는 동시에 전문적인 임대주택 관리업체를 육성할 수 있는 기회도 될 수 있다.

재정비를 위한 장기저리의 융자상품 개발: 추가 부담금의 장기 분할 납부와 이자 지원

현행 재정비 사업의 추가 부담금은 공사 착수와 동시에 계약금을 내고 완공(약 2년 반~3년) 전까지 잔액 전부를 분할 납부하도록 되어 있다. 이 기간에는 추가 부담금뿐 아니라 공사기간에 거주해야 하는 주택의 임차료(즉, 이주비)도 필요하다. 수도권의 경우 이 모두를 합하면 약 3년 동안 조달해야 하는 자금 규모가 평균 3억 원[7]이 넘는다. 그나마 집에 이미 담보가 설정되어 있으면 이주비 대출 자체가 어렵다. 결국 재정비 사업이 착수되면 조합원들마저 주택을 처분할 수밖에 없는 젠트리피케이션(gentrification)[8]이 발생하게 되는 것이다. 이런 상황에서 재정착률을 높이려고 한들 성과를 기대하기 어려울 것이다. 그러므로 추가 부담금의 총량

---

7) 서울시 평균 추가 부담금 1.3억 원 + 서울시 강북(14개구) 중위주택의 평균 전세가격(1.8억 원)을 합한 금액이다.

8) 도시개발 사업에 의해 기존주택이 멸실되고 대신 고가의 고급주택이 들어서면서 저소득 가구가 비자발적 이주를 하게 되는 현상을 일컫는 말이다.

을 줄이는 것과 동시에 이자 부담을 분산하고 장기간 분납할 수 있는 '경제형 재정비' 방식이 필요하다. 이를 위해서는 금융기관이 공사 기간 내 공사 금액에 대해 대출을 실행한 후 대출금 상환은 입주 후 장기 분납 형태로 회수하는 방식이 도입되어야 한다. 이 경우 조합원들은 공사 기간에는 추가 부담금과 이주비에 대한 이자만 납부하고 공사 원금은 입주 후에 주택 구입 모기지와 같은 형태로 장기 분납하면 된다. 특정 계층에 대해서는 정부가 장기저리의 주택개보수 자금을 융자하는 프로그램을 지원할 수도 있다. 부담금의 대출 한도는 금융기관들이 조합원들의 소득과 신용 상태를 감안하여 판단하게 되므로 조합원들은 자기 소득 수준과 지불 능력에 맞는 신축 주택의 규모를 선택하게 될 것이다. 앞서 제안한 지분총량제와 연계할 수도 있다. 남은 지분으로 건설한 주택을 민간 임대사업자와 계약을 통해 일괄 위탁하고 발생하는 임대수익으로 추가 부담금을 장기 분할 납부하게 하는 것이다. 이 방식이 도입될 경우 소득 수준이나 지불 수준을 넘어서 재건축이나

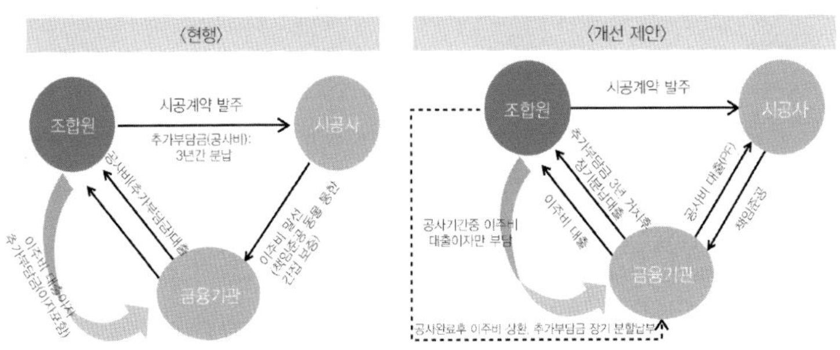

자료: 미래성장위원회(2012), 「미래성장을 견인하는 건설산업의 새로운 미션」

재정비 사업 부담금의 경감방안(예시)

재개발 대상 주택에 투자하던 수요는 크게 감소할 것이다. 아울러 참여 조합원들은 공사 기간에 집중되는 이자 부담을 줄일 수 있고 추가 부담금을 천천히 분납하게 되므로 사업 착수 시 주택 처분에 대한 압박도 크게 줄어들 것이다.

재정비 사업 이후 점유 형태의 유연화: 조합원도 임대로 거주 가능

부동산 자산 비중이 높은 우리나라는 고령화가 진행되면서 주택 연금이나 역모기지 등에 대한 관심이 높아지고 있다. 그러나 재건축 대상 아파트를 가진 소유자는 주택연금 가입에도 제한이 있다. 그러므로 재정비 대상 아파트를 소유하고 있는 고령자들에 대한 유동화 지원이나 주택개량 자금 지원이 필요하다. 아울러 재정비 사업 이후 신축 주택의 점유형태에 대한 변경수요도 감안해야 한다. 이미 재건축 사업장에서 조합원들의 현금청산비율은 증가하고 있다. 신축 주택에 거주하고 싶지만 경제적인 이유로 현금청산을 선택하는 것이다. 최근 주택을 직접 소유하기보다는 임대로 거주하려는 수요가 더 많아지고 있는데 이는 재정비 사업 조합원들에게도 예외는 아닐 것이다. 그래서 일정한 근로 소득이 없는 고령의 조합원들에 한해 재건축 후 신축 주택에 거주하는 조건으로 주택의 소유권을 매각(Sales and Lease Back의 일종으로 변형된 주택연금)하는 방식을 제안할 수 있다. 물론 이 경우에 고령의 조합원들이 사업에 적극적으로 참여함으로써 사업기간을 단축시킨다는 전제가 필요하다. 종합하여 볼 때 저성장 고령화 시대를 맞아 늘어가는 노후 아파트의 성능 개선과 노후도 개선을 위한 사업은 좀 더 다양한 접근이 요구된다. 민간 사업자의 역할 역시 시공에서 파이낸싱과 주택임대관리까지 확대되어야 할 것이다.

(본 내용은 2013년 5월 2쇄 때 추가됨)

04

새 정부가 주목해야 할 부동산 문제와 정책 이슈

2013년 부동산 시장 전망 밝지 않아···
새 정부 출범부터 풀어야 할 난제도 많아

2013년 부동산 시장에 대한 전망은 여전히 밝지 않다. 대외적 여건이나 거시경제의 탓도 있겠지만 현재 부동산 시장이 직면한 고령화와 가계부채라는 구조적인 문제로 구매여력은 점차 줄어드는데 미분양은 늘고 주택거래는 감소하는 등 해결의 실마리는 좀처럼 보이지 않기 때문이다. 그러나 당선인의 부동산 관련 공약을 보면 주택거래 활성화 및 시장회복에 대한 대책은 '취득세 감면 연장'을 제외하고는 별다른 대안이 없어 보인다. 대선 과정에서의 이슈가 '하우스 푸어'와 '주거 복지'이다 보니 상대적으로 고려의 대상에서 소외됐던 것이 사실이다. 그러나 하우스 푸어의 구제나 주거복지 모두 주택시장이 지금처럼 침체를 벗어나지 못하는 상황에서는 답을 찾기가 어려운 것도 부인할 수 없는 현실이다. 따라서 새 정부가 출범되면 주택 및 부동산 정책은 내수 경기 활성화 차원에서 다시 거론될 것으로 예상된다. 그렇다면 새 정부가 주목해야 할 부동산 시장의 문제와 정책 이슈는 무엇일까? 크게 세 가지로 요약할 수 있는데 첫째, 가계부채를 포함한 부동산 시장 내 부실채권의 정리, 둘째, 주택임대가격의 상승, 셋째, 한국형 주거복지 정책의 기반 조성이다. 세부적인 내용을 살펴보면 다음과 같다.

첫째, 부실채권의 정리이다. 부동산 시장에서의 부실채권은 기업과 개인은 물론 공공부문도 적용대상이 된다. 기업부문의 경우에는 이미 '신규사업 축소, 재고 및 부실채권의 적극적인 정리'로 자율 조정이 되고 있다. 그러나 주택 등 부동산에 대한 수요위축이 장기화되고 있는 데다가 공급조절 실패로 신규 공급이 계속 늘고 있어 부실 사업장의 사업 재기나 할인 분양 모두 여의치 않은 상황이다. 도시형 생활주택이나 오피스텔과 같이 아파트를 대체할 수 있는 신규 사업들이 늘어나는 것도 아파트 위주의 부실사업장의 정리가 지지부진한 이유이다. 이제 1인 가구를 위한 소형주택의 공급이 어느 정도 마무리되었으니 도심 내 부실사업장을 활용해 임대수요가 많은 소형 아파트 공급에 관심을 가져야 할 것으로 생각된다.

다음은 가계부문의 부실채권 정리이다. 가계부채의 문제는 우리 경제의 뇌관으로 계속 불안요인이 되고 있다. 최근 금리가 인하되면서 가계들의 채무조정 유인이 감소한 것은 사실이지만 소득이 증가하거나 부동산 가격이 회복되지 않는다면 근본적인 문제해결을 기대하기 어려울 것이다. 전세가격 상승으로 늘어난 전세자금 대출 역시 리스크 관리를 해야 한다는 목소리가 높아지고 있다. 당선인은 대선공약 단계부터 주택지분의 부분 매각 및 주택연금 가입연령의 조정, 목돈 안 드는 전세제도 등 부동산 자산의 유동화에 관심이 컸다. 따라서 주택담보대출과 연계되어 있는 가계대출의 문제는 과연 새 정부 출범 이후 금융기관들이 얼마나 이러한 정책에 참여할 것인지가 변수가 될 것이다.

공공부문은 보금자리주택의 공급물량과 수도권 2기 신도시 지역의 공급계획 및 방식의 조정이 요구된다. 수도권 주택경기 침체가 대부분 공공의 대량 주택공급계획에 큰 영향을 받고 있기 때문이다. LH의 과도한 채무부담도 사업의 구조조정에 충분한 이유가 될 것이다. 공공부문의 공급물량 조정은 해당지역의 민원 등 적지 않은 저항이 있겠지만 주택시장의 정상화를 위해서는 꼭 짚고 넘어가야 할 사안이다.

둘째, 전세가격 등 임대가격의 상승에 따른 서민주거 불안이다. 2013년에도 주택의 임대가격은 계속 상승세가 예상된다. 주택구매를 미루는 수요에 의한 임대수요도 있지만 정부부처의 지방이전 등이 본격화되면서 인구 이동에 따른 주택임대수요의 공간적 변화도 예상된다. 특히 전세가격 상승이 예상되는데 이는 절대적으로 전세로 공급될 수 있는 주택이 부족하기 때문이다. 3년 연속 상승한 전세보증금에 비해 집주인들의 가계부채는 계속 증가해 왔기 때문에 전세보증금 상환을 보장할 수 있는 전세주택이 감소하고 있다. 특히 자금력이 있는 수요자들이 주택구매 대신 전세를 유지하려고 하기 때문에 자금여력이 없는 가구들은 '비싼 전셋집' 구하기 대신 월세 주택으로 이동할 가능성이 크다. 정치권에서는 '전월세 상한제'를 도입하여 문제를 해결하려고 하지만 이것으로 모든 문제가 해결되지도 않을 뿐 아니라 또 다른 부작용이 있을 수 있음을 경계해야 한다. 보증금과 월세를 각각 인상해 법적 기준을 피하게 되면 보증금은 지금보다 더 높아질 것이다. 기존 임차인을 거부하고 신규 계약을 하는 등 다양한 제도 기피 행태가 나타날 수 있고 궁극적으로 임대주택의 품질이 나빠지는 부작용도 예상할 수 있다. 그러므로 근본적으로 임대주택의 공급을 확대하는 정책이 우선되어야 한다. 아울러 월세 전환에 대한 부담을 낮추기 위한 임차인의 연대보증인이나 보증보험제도, 월세의 소득공제를 확대하는 등의 지원제도도 수반되어야 한다. 중요한 것은 국민이 주거의 방식을 결정할 때 다양한 선택권이 있어야 한다는 것이며 그 비용부담이 적절해야 한다는 것이다. 특히 주택을 구입하여 소비하기보다는 임차로 거주하려는 수요가 높아지고 있는 지금, 어떠한 임차 방식이든지 고액의 보증금을 요구하는 우리나라의 주택 임차의 현실은 더 많은 렌트 푸어를 양산할 수밖에 없을 것이다. 따라서 렌트 푸어에 대한 고민은 전세제도는 물론 월세형 임대주택까지를 아우르는 우리나라 고비용 주택임차시장의 전반에 걸친 고민이 되어야 할 것이다.

셋째, 복지 수요 증가에 대응한 '주거복지정책'의 수립이다. '주거복지' 하면 언뜻 사회적 약자를 위한 공공임대주택의 공급을 생각할 수 있지만 '주(住)'는 인간 생활의 기본으로 매우 근원적인 욕구와 권리이기 때문에 국민 전체의 주거수준을 향상시키는 보편적 복지 역시 간과해서는 안 될 내용이다. 삶의 공간이 제대로 보장되지 않는 상황에서 교육이나 의료 등의 다른 복지는 부차적일 수밖에 없기 때문이다. 이런 주거복지의 특성 때문에 주거복지를 제대로 시행하려면 많은 비용이 필요하다. 그러므로 시장에서 해결이 가능한 사람들은 시장에서 스스로 주거복지를 해결할 수 있게 하고 정부의 예산투입은 좀 더 사회적 약자에게 집중되어야 할 것이다. 또한 주거복지를 확대한다고 해서 새로운 정책을 추가하는 것보다 '정치적·경제적 지속가능성'과 실제 집행상의 '정책 사각지대를 축소'할 수 있는 실천전략이 더 중요하게 부각되어야 할 것이다.

새로운 정책 개발보다 기존 정책의 비효율성 개선, 보완에 더 주력해야

일반적으로 새 정부가 출범하게 되면 새로운 정책에 대한 기대감을 갖기 마련이다. 그러나 지속가능성을 담보할 수 없는 정책은 대부분 이벤트로 끝나거나 그 이후 많은 부작용으로 인해 미래 세대에 경제적·사회적 부담이 되곤 한다. 따라서 새 정부는 새로운 정책 개발보다는 기존 정책이나 제도들의 비효율성을 개선하고 문제점을 보완하는 정책적 접근이 우선되어야 할 것이다. 특히 지난 10년간 전국적인 개발공약들이 낳은 상처와 부작용에 대해 세심한 조정과 출구전략 수립이 요구된다.

아울러 저성장 시대에 맞추어 개발중심의 고도성장기에 수립되었던 주택 및 부동산 관련 산업정책의 대대적인 수정이 요구된다. 특히 주택부문의 경우에는 그동안의 신축 분양주택 중심의 건설산업 육성에서 재고주택의 유지관리와 정비, 주거 서비스 관련 산업의 육성으로 패러다임 전환이 요구된다. 아울러 시대적 요구에 적합하도록 임대용 주택의 공급 및 유통시장의 선진화를 촉진할 수 있는 주택 공급제도의 근본적인 변화가 요구된다.

(본 내용은 2013년 5월 2쇄 때 추가됨)

05
박근혜 정부, 왜 부동산 시장인가?

집값↓, 전셋값↑ …주택시장, 박근혜 정부 발목 잡나?

선거는 끝났지만 경제는 남았다. 대선은 박근혜 후보의 당선으로 마무리됐지만, 경제여건은 유럽발 재정위기, 미국발 재정절벽 등 대외여건 변화와 이로 인한 내수부진이 겹치면서 녹록지 않은 상태 그대로다. 오히려 대선 때문에 묻혀 있던 각종 경제문제가 신년부터 대두될 것이란 우려가 높다. 결국 경제 정국의 해법 풀이가 박근혜 정부의 첫 시험대가 될 것이 분명해 보인다.

집값은 떨어지는데 전셋값은 오른다. 전셋값이 상승하면 '내 집 마련' 욕구가 상승했던 고성장시대에서 저성장시대로 바뀌면서 더 이상 전셋값 상승세가 매매수요를 자극하지 못한다. 전셋값 상승이 오히려 매매가격을 떨어뜨리는 전형적인 저성장시대에 걸맞은 패턴을 보이고 있다. 매매가 대비 전셋값 비율은 상승하지만 매매가격은 떨어지면서 거래건수가 줄고 있는 것이 이를 반증한다. 바로 부동산발 디플레이션의 전조인 셈이다. 이를 두고 일본식 버블붕괴에 대한 우려가 제기되고 있다. 버블붕괴의 사실 여부 또는 실제 실현 가능성과는 상관없이 그만큼 경제에 대한 우려와 문제의 심각성에 대해서는 대부분 공감하는 분위기다. 물론 개인적으로는 '일본식 불황' 가능성보다는 '부동산 시장에 대한 비관론'이 현재의 상황을 설명하는 데 적절하다고 판단하고 있다.

여하튼 그렇다면 어떻게, 어디서부터 작금의 경제문제를 풀 수 있을까? 바로 부동산이다. 왜 부동산일까? 가계부채 1,000조 가운데 약 40%가 주택담보대출이며, 하우스·렌트 푸어 역시 대출에 의한, 주택대출 상환 문제와 연관되기 때문이다. 하우스 푸어에 대한 박근혜 당선자의 대응책에 대해 역차별을 얘기하는 부분도 있지만, 정치적으로 이미 이들을 표로 인식한 상태에서 정책적 공약이 제시되었다는 점에서 공약 내용대로든 아니든 상관없이 정책적으로 고려되어야 할 형편이다.

정치적이지 않더라도 현재의 거래 침체에 따른 부동산 시장의 문제를 해결해야 할 이유는 많다. 우선 부동산 시장이 연착륙(소프트랜딩)되지 못할 경우 경기침체와 물가하락 등의 디플레이션이 우려되기 때문이다. 여기에는 우리나라 국민의 약 80%가 부동산을 자산으로 보유하고 있다는 특징이 배경으로 작용한다. 우리나라 국민의 약 14%인 720만여 명의 베이비 부머의 은퇴와 고령화의 진전에 따른 여건 변화 등 또한 부동산 시장의 연착륙이 필요한 배경 가운데 하나다.

이러한 주택시장 내부의 문제제기에도 불구하고 연착륙이 정작 필요한 이유는 우리의 경제적 여건 및 체질과 연관된다. 우리는 수출을 통해 국가경영을 해야 하는 수출 지향 국가이다. 대외 경제상황에 그만큼 많이 노출돼 있고 수출이 막히면 그만큼 나라 살림이 어려워진다는 얘기다. 그런데 지금 국외경제 여건은 수출이 어려운 쪽으로 가고 있다. 재정위기, 재정절벽(fiscal cliff)이 비록 국외 여건이기는 하지만 우리와 절대 무관할 수 없는 우리의 대외 여건이기 때문이다. 결국 내수를 통해 현재의 어려움을 극복해야 하는데 가장 효과적인 방법 중 하나가 부동산을 통한 내수 진작이다. 지금의 주택시장이 거품보다는 비관론에 의한 내수 부진이라는 측면이 있기 때문이기도 하다. 투기적 수요를 자극하지 않고도 실수요 중심의 거래 활성화가 가능하고 이를 통한 가시적인 내수 경기 회복을 기대할 수 있다는 점이다. 최근 미국의 주택시장 체감경기가 6년 내 최고수준을 기록했다고 한다. 미국 경제가 신흥국의 성장 둔화 및 재정절벽의 잠재적 영향 등에도 불구하고 회복세를 이어가는 데 있어서 가장 중요한 요인 중의 하나로 꼽고 있다. 산업 연관효과에 있어 주택시장의 회복이 긍정적이라는 이유에서다. 우리의 경우도 이와 다르지 않다. 그리고 주택시장의 회복이 단순히 주택가격을 부추길 것이라고 일축하기에는 현재와 같은 하락세 국면에서는 설득력을 얻기 어렵다.

경제성장률 3%…우선순위 통한 정책적 이행 더 중요

정부에서 발표한 2013년 우리나라의 경제성장률은 3% 수준이다. 예상되는 2012년 경제성장률 2%대 초반에 비해서는 나은 전망이다. 그럼에도 당초 전망치보다 1%p 낮춰 3%로 하향조정했다는 점에 문제의 심각성이 있다. 대내외 여건 변화의 불확실성의 증가에 따른 조정인 셈이다. 이에 따라 경제 관련 연구기관들도 내년도 경제성장률을 당초 전망치와 비슷하거나 이보다 낮게 전망하고 있다. 한국은행은 당초 3.8%에서 3.2%로 낮게 전망했다. 한국개발연구원 역시 우리 경제가 올해보다는 개선되겠지만 세계 경제성장의 둔화세로 소폭 개선될 것으로 전망했다. 연구원은 정부와 같이 내년도 성장률을 3.0%로 전망하고 대내적으로 가계부채와 부동산 경기부진이 위험수준이라고 분석했다. 특히 부동산 시장의 부진이 장기간 지속될 경우 민간소비와 건설투자 위축으로 이어져 부동산 가격이 추가 하락할 가능성이 높다고 밝혔다.

박근혜 대통령 당선자의 부동산 정책 방향 및 과제

대상	정책	내용	관련 발언	과제
하우스·렌트 푸어	보유주택지 분매각제도	집주인이 주택 지분 일부를 공공기관에 매각해 대출 상환	"제2금융권 대출 이자를 반으로 줄일 수 있다"	현 이자부담 보다 낮은 임대료 책정
	목돈 안 드는 전세제도	집주인이 집 담보로 전세보증금 대출 세입자는 이자 부담	"목돈 없이 전세를 마련하는 프로그램을 집주인이 금융기관과 계약을 맺고 그에 대한 이자 부담을 임차인이 지는 틀에서 연구 중이다" "가격이 급등한 지역에 대해서는 한시적으로 상한제를 둬서 관리를 할 필요가 있다"	집주인에 대한 인센티브 확대

부동산 거래 활성화	취득세 감면	올해까지 취득세 50% 이상 감면	"단기적으로 우리가 해야 되는 부분은 부동산 거래를 활성화하는 것이다" "과거처럼 부동산가격이 뛸 일은 별로 없을 것 같다"	추가 연장 추진
	다주택 양도세 중과 폐지	2주택자 양도 차익 50%, 3주택자 이상 60% 양도세율 적용 폐지		국회 협의
	분양가 상한제 폐지	민간주택의 분양가 상한제 폐지		국회 협의
임대주택 확대	행복주택 프로젝트	철도부지 상부에 아파트와 기숙사 건설	"(철도용지)토지 매입비가 낮아 시세의 2분의 1, 3분의 1 수준으로 주택공급 할 수 있다. 이렇게 임대주택, 기숙사 20만 호 공급하겠다"	재원 마련 및 기술적 보완
	임대주택 지원책	매년 45만 가구 지원		재원 마련

자료: 각 언론사 발표 내용을 취합·정리

이렇듯 2013년 한 해 우리나라의 경제 여건이 녹록지 않음에 따라 박근혜 정부의 부동산 정책 방향 역시 경제여건 변화에 맞춰 우선순위에 따라 이행되는 것이 바람직할 듯하다. 박근혜 정부의 부동산 관련 정책은 크게 하우스·렌트 푸어, 부동산 거래 활성화, 임대주택 확대로 구분된다. 그렇다면 그 가운데 무엇이 가장 우선적으로 추진되어야 할까? 현재의 경제 상황으로는 부동산 거래 활성화일 것이다. 하우스·렌트 푸어도 마찬가지다. 매매가격은 떨어지는데 전셋값은 오르니, 상환 능력에 문제가 생긴 주택보유자 또는 전세자금 대출자 모두 '포괄적 주거복지' 차원의 정책적 대상 또는 정책의 방향에 포함되어 있다.

그럼에도 불구하고 정책적 우선순위가 어떻게 결정되어야 할까? 말 그대로 '보편적 주거복지 실현'이 먼저다. 박 대통령의 부동산 공약 가운데 임대주택 확대가 그것이다. 실제 공급까지는 시간이 걸릴지라도 공급을 위한 구체적인 정책적 로드맵을 다른 공약보다 먼저 제시할 필요가 있다. 주거복지를 언급했기 때문이 아니다. 그렇다고 임대주택 건설을 통해 부동산 띄우기를 위한 물타기 전략차원의 생색 내기를 위해서도 아니다. 부동산 거래 활성화와 관련해서 언급한 내용 가운데 다주택 양도세 중과 폐지와 분양가 상한제 폐지 모두 국회 협의가 불가피하다. 국회 협의 없이 추진 할 수 있는 것이 현실적으로 취득세 감면을 연장하는 것밖에 없다. 따라서 새 정부 출범에 즈음하여 취득세 감면 연장을 먼저 시행하더라도 '사고', '팔고'를 위한 실제적인 주택거래 활성화를 위해서는 취득세와 양도세를 함께 감면하거나 폐지하는 것이 바람직하다. 이런 차원에서 '집이라도 있는 사람들'에 대한 역차별 논란의 여지가 여전히 남아 있는 하우스 푸어 등에 대한 정책적 지원 방안은 오히려 대상과 방법을 면밀히 검토해서 시행하는 것이 사회적 통합 차원에서도 바람직할 것으로 보인다. 서민주거 안정 차원의 렌트 푸어 대책인 목돈 안 드는 전세제도와는 또 다른 차원의 얘기이기 때문이다.

'행복주택 프로젝트'는 박 대통령이 부동산 정책 가운데 가장 공을 들인 부분이라는 게 중론이다. 앞서 언급한 '보편적 주거복지 실현'의 결과물이기 때문이다. 철도부지 위에 인공대지를 조성해 아파트와 기숙사 등을 짓는 신개념 공공임대주택으로서의 행복주택은 베를린(서베를린) 시의 빌머스도르프(Wilmersdorf) 지역

고속도로 중 고가도로 상층부에 건설된 주거용 건축물 '슐랑엔 바더'를 참고할 필요가 있다. 철도가 아니라 고속도로라는 차이가 있지만 별반 다르지 않다. 이 도로는 왕복 8차선 도로이며 건축물에 사용된 도로 연장은 600m에 이른다. 도로 모양이 'S자'로 휘어져 있어 꼭 뱀이 지나가는 모양을 닮았다고 하여 "뱀이 지나간 길"이라는 명칭(Schlangenbader: 슐랑엔 바더)이 붙었다. 사업기간은 1976년부터 1981년이며 부지면적 총 88,000㎡에 1,200호(15층 2개동)의 주택을 건설하였다. 도로건설은 베를린 시에서 시행하였고 주택건설은 베를린 시가 100% 출자한 주택회사 DEGEBO가 시(市)로부터 시행권을 얻어 건설하였다.

도시적 용도로서의 토지가 절대적으로 부족한 우리나라의 여건을 감안할 때 행복주택 공급은 토지의 고도이용과 이를 통한 사회적 주택(social housing)으로서의 '저렴주택'의 공급이라는 긍정적 측면에 그치지 않는다. 이외에 인공대지 조성 등 세계적으로도 기술력을 인정받고 있는 토목·건설·도시계획 관련 엔지니어링 기술의 실현과 도시차원의 입체적 개발의 유도와 역세권 중심 개발(TOD: Transit Oriented Development)을 통한 도시재생 차원의 도심 활성화 등 단순히 주거복지 차원의 주택공급 확대가 아닌 활력을 잃은 원도심의 도시재생과 나아가서는 도시구조 개편까지 고려할 수 있는 있다는 점에서 보다 큰 밑그림을 보여주고 이에 대한 국민적 공감을 유도하고 그 과정에서 정부와 국민 간 소통과 공약과 정책 간 피드백(feed back)을 통한 '정부 3.0'으로서의 '주거3.0'을 실현할 필요가 있다. 국민은 공약을 선택했고 당선자로서의 대통령은 약속한 공약을 잘 실천하는 일만 남았다.

(본 내용은 2013년 5월 2쇄 때 추가됨)

06
새 정부의 부동산 정책에 거는 기대

새 정부 출범에 거는 기대… 부동산 시장 회복되나?

새 정부가 출범했다. 박근혜 대통령은 취임사를 통해 경제부흥을 역설하며 제2의 한강의 기적을 만들겠다고 강조했다. 창조경제와 시장경제를 강조한 박근혜 정부의 출범은 과연 추락하고 있는 주택 및 부동산 시장에 새로운 훈풍을 불어넣어 줄 수 있을까? 현재 부동산 시장은 '없다'는 표현이 맞을 만큼 좋지 않다. 매매를 위한 거래도 '없고', 그렇다고 오른다는 전세물건도 막상 시장에서는 '없다'.

2013년 2월 15일 현재 아파트 전세가격은 전주 대비 0.07% 상승한 반면 매매가격은 0.02% 하락했다. 전세가격 상승에 따라 아파트 매매가 총액은 줄어든 반면 전세가 총액은 늘었다. 2013년 1월 말 전국의 아파트값 총액은 1,914조 원으로 2012년 12월 말보다 2조 2,250억 원 줄어든 반면, 전국 전셋값 총액은 1,203조 원으로 3조 2,800억 원 늘었다. 이에 따라 서울의 전세가율은 10년 만에 55.2%

를 넘어섰다. 전세가격의 상승이라는 것이 결국 매매가격의 하락에 대한 반작용이라는 점에서 시장 자체는 지속적으로 하락 장세를 이어가고 있는 셈이다. 실제로 최근 발표된 국토해양부 자료에 따르면 2013년 1월 주택매매 거래량은 전국 2.7만 건으로 전년 동월 대비 5.7% 감소하였고, 전월 대비로는 75.0% 감소했다. 취득세 감면 연장의 불확실성으로 수요자가 매수시기를 늦출 수 있음을 감안하더라도 큰 폭의 감소세다.

주택시장 관련 지표(index)의 뚜렷한 하락세에도 불구하고 소비자 심리는 보합을 견지한 가운데 상승에 대한 기대감이 존재한다. 소비자들이 갖는 주택 및 부동산 시장 반등 기대감의 근거는 무엇일까? 첫째, 지속 하락에 대한 기술적 반등 기대감이다. KB국민은행 '주간 아파트 가격동향(2월 11일 기준)'에 따르면 35주 연속 하락이 지속됐던 서울 아파트값이 2주째 보합세다. 5주 연속 하락했던 수도권도 2주째 보합을 이어가고 있다. 보합이 상승을 의미하지는 않지만, 연속 하락의 고리는 일단 끊겼다. 이를 두고 하락에 대한 반등 가능성을 점치는 것은 무리다. 그럼에도 '저가매수 기회'라는 말에 솔깃한 소비자 심리가 이런 반등 가능성을 부추기고 있다. 부동산은 심리다.

둘째, 세계경제의 호전 가능성이다. 유럽발 재정위기, 미국발 금융위기 등의 여파가 여전히 상존하지만 글로벌 경제지표가 호전되고 있다. 올해 중국의 8%대 성장 가능성, 미국의 고용 및 주택경기 회복 또한 힘을 보태고 있다.

그리고 마지막 세 번째로는 박근혜 정부의 주택 및 부동산 정책에 대한 기대감이다. MB 정부의 주택시장은 해외경제여건의 악화와 내수부진 등으로 가격 상승에 대한 동력이 전반적으로 떨어진 시기였다. 여기에 입지적으로 양호한 그린벨트 내 보금자리주택의 공급에 따른 상품으로서의 가격 경쟁력은 상대적으로 민간의 아파트 공급량을 축소시키는 배경으로 작용했다. 그런 의미에서 역설적으로 지난 연말까지 상승세를 보였던 몇몇 지방 시장을 제외하고는 지속적으로 하락했던 서울, 수도권 시장의 경우 박근혜 정부의 출범에 따른 새로운 기대감이 시장에 존재한다. 대선 기간 중 민생 경제와 주택가격 하락에 대한 우려 표명 등은 차기 정부의 주택정책에 대한 기대감을 갖게 하기에 충분했다. 최근 발표된 박근혜 정부의 국정목표와 과제를 통해 그 일면을 확인할 수 있다.

새 정부의 부동산 정책 방향… '활성화' 아닌 '안정화' 이유

최근 인수위는 새 정부의 출범에 앞서 박근혜 정부의 국정 비전과 5대 국정목표를 발표했다. 목표 달성을 위한 140개 국정과제에 박근혜 정부의 부동산 정책과 관련해 중요한 방향이 언급되어 있다. 활성화가 아닌 안정화에 무게중심을 두고 있는 것이다. 부동산 시장 안정화 방안 요지는 이렇다. 집값 하락, 주택거래 위축 등 부동산 경기 침체가 실물경제에 부담을 주지 않도록 주택·부동산 시장의 안정화를 추진하겠다는 것이다. 더 이상의 집값 하락은 우리나라 경제에 좋지 못한 영향을 줄 수 있으며, 중산층의 복원에도 어려움을 줄 수 있어 추가적인 하락을 막겠다는 의지의 표명인 셈이다. 대신 투기적 수요를 촉발하기보다는 실수요자들의 구매력 향상을 통해 시장 안정화를 유도하겠다는 것이다. 최근 DTI(총부채상환비율)는 그대로 두되 LTV(주택담보인정비율)는 풀겠다는 것 또한 이러한 맥락이라고 할 수 있다. 부동산 시장 활성화가 아닌 안정화를 선택하고, 거시경제 틀 속에서 부동산 정책 및 시장의 방향을 모색하겠다는 뜻이다. 구체적인 추진 계획에 대해서는 범정부 차원의 대책을 마련하고 있음을 주지시키고 있는 가운데 주요 추진계획에 대해서는 다음과 같이 발표했다. 첫째, 부동산 시장 과열기에 도입된 과도한 규제를 정비해 부동산 시장의 정상화를 추진하겠다는 것이다. 둘째, 주택수급을 조정하겠다는 것이다. 공공주택 공급은 임대주택 위주로 전환하고 분양주택 공급은 주택시장에 맞게 탄력적으로 조정하는 것이 골자다. 부족한 임대주택 공급을 늘리기 위해 세제 혜택 등 민간 임대사업에 대한 지원방안을 마련함과 동시에 주택시장 매물은 흡수한다는 것이다. 셋째, 하우스·렌트푸어 대책을 적극 실시해 한계선상의 서민 중산층을 보호하고 주택시장 안정화를 추진해 주택 수요 및 거래를 회복하겠다는 것이다.

대부분 대통령 후보 때 이미 언급했거나 인수위를 통해 직·간접적으로 발표된 내용들이기는 하지만 현재의 주택시장이 정상이

아니라는 것에 대한 국민적 공감과 국정과제의 방향이 일치한다
는 점에서 차기 정부의 주택 및 부동산 정책에 거는 기대감은 높
다고 할 수 있다. 주택시장 전반의 지표는 하락하고 있음에도 불
구하고 새 정부의 주택 및 부동산 정책에 대한 기대감이 높은 이
유가 여기에 있다.

(본 내용은 2013년 5월 2쇄 때 추가됨)

'주거'를 생각하다

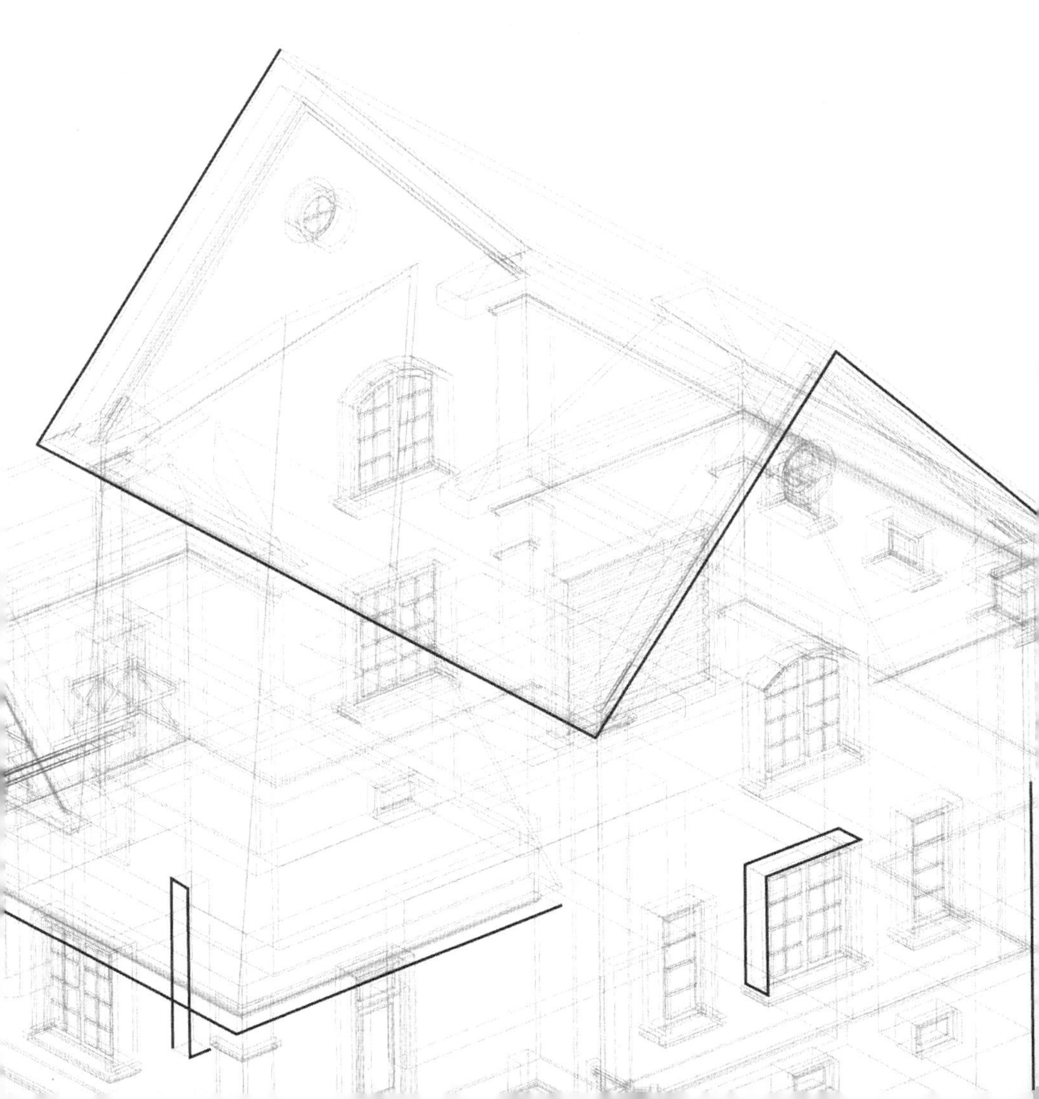

01
광고를 통해 본 주택 트렌드 변화

광고를 본다는 것은 단순히 특정 상품의 광고를 보는 것이 아니라 그 사회를, 트렌드를 보는 것과 다르지 않다. 짧은 시간에 가장 효과적으로 메시지를 전달하는 것이 광고이기에, 광고는 동시대의 보편적인, 또는 동 시대의 가장 관심 있는 키워드를 보여주는 '사회의 반영이자 거울'이다. 그런 측면에서 최근 공중매체를 통해 소개되고 있는 부동산 관련 광고는 변화되고 있는 인식의 전환과 경향(trends)을 보여준다. 내 선택이 잘못되지 않았음과 동시에 앞으로 어떤 선택을 해야 하는지를 앞서 보여주는 것이기도 하다.

그렇다면 최근 부동산 관련 광고는 무엇을 얘기할까? 우선 자사의 브랜드 가치를 얘기한다. 이 아파트를 선택하는 것은 '옳은 판단'이라는 것과 '가치' 있는 선택이었음을 강조한다. 또한 보이지 않는 '진심'을 강조하기도 한다. 어느 업체가 집을 지었다는 식의 기업 이름만 강조했던 시대를 지나, 건설업체보다는 아파트 '브랜드(brand)'를 알리던 얼마 전까지 그리고 '○○ 아파트' 식으로 브랜드 앞에 슬로건을 붙이는 최근까지의 추세와는 다른 무엇이 숨어 있다.

무엇이 숨어 있을까? 그리고 무엇을 말하려고 하는 것일까? 업체는 같은 업체인데 광고 속 콘텐츠나 바뀐 것도 있고 아예 다른 내용으로 광고를 시작한 업체도 생겼다. 그냥 무심결에 스쳐 지나가는 광고 속에서 바뀐 '무엇'은 다름 아닌 '단독주택' 광고다. 주택을 건설하는 건설업체 광고의 주종은 아파트다. 그것은 지금도 마찬가지다. 그런데 최근 '단독주택' 광고가 중간중간을 차지한다. 왜 갑자기 단독주택 광고를 하는 것일까? 아파트 지어 팔던 건설업체가 여전히 아파트 위주의 시장에서 단독주택 몇 채를 팔겠다고 나선 이유는 무엇일까?

단독주택 광고는 이런 맥락에서 시작되었다고 봐야 한다. 앞으로도 아파트는 재테크 수단의 최강자임에는 분명하다. 그리고 주택가격의 안정을 위해서도 아파트는 여전히 가장 우선적으로 공급되어야 하는 상품임에는 분명하다. 그러나 더 많은, 더 좋은 아파트를 짓더라도 단독주택 광고를 하는 이유는 현재 짓고 있는 아파트에 단독주택이 갖는 독립성과 편의성을 보다 더 넣겠다는 의도가 다분히 담겨 있기 때문이다. 아파트를 짓되 단독주택처럼 짓겠다는 기업 이미지를 숨겨 놓고 있는 것이다. 향후 '포스트(post) 아파트' 시장이 전개될 경우 아파트를 통해 확보한 브랜드 이미지를 단독주택에까지 이어가겠다는 나름의 의도가 있다는 얘기다.

이것이 기업이 단독주택을 광고에 담거나 직접적으로 단독주택 광고를 하는 이유다. 이상은 지극히 기업 이미지 관리 차원의 얘기다. 그렇다면 소비자 입장에서는 건설업체의 단독주택 광고를 어떻게 이해해야 할까? 우리나라 재고주택 가운데 아파트 비중은 52.7%에 달한다. 아파트가 전체 주택의 절반을 훌쩍 넘은 지 오래다. 그야말로 '아파트 공화국'이다. 단독주택의 비중은 32.2% 수준이다. 대도시들의 단독주택 비중은 더욱 낮다. 서울의 경우에는 19.6%, 부산은 26.9%, 울산은 24.1%이고 인천은 15.7%로 전국에서 가장 낮다. 그렇다고 이러한 수치가 단독주택이 부족함을 의미하지는 않는다. 기존 단독주택이 준공된 지 오래되었기 때문에 아파트에 비해 거래 가격이 상대적으로 낮을 것이라는 것 또한 의미하지 않는다.

다만, 단독주택이 줄면 줄수록 대도시 내에 단독필지가 감소하는 것을 의미하고, 단독주택의 희소성이 그만큼 높아진다는 것을 의미한다. 부동산 시장에서의 희소성은 다른 재화와 마찬가지로 가격과 직결될 수 있다는 점에 유의해야 한다. 기존 도시 내 단독택지는 그야말로 한정적이다. 늘린다고 늘릴 수 있지 않다는 데 핵심이 있다. 서울시 도심 한복판의 한옥이 주목받는 이유가 그렇고 고급 아파트보다 비싼 단독주택이 그것을 반증한다. 조용하지만 큰 관심이 아파트 이외의 시장에 있다. '삶을 담는 주거'에 대한 인식 전환이 조용하지만 큰 관심을 받는 이유가 여기에 있다.

02

‘세시봉’ 세대의 주거학

세시봉이라는 사회적 코드(code)

세시봉(C'est Si Bon, ‘아주 멋짐’, ‘매우 훌륭함’)은 그동안 우리 사회에 숨어 있던 사회적 코드(code)를 재발견시키는 계기를 제공했다. ‘세시봉’은 조영남, 송창식, 윤형주, 김세환, 이장희 등이 출연한 1970, 80년대의 문화의 산실이었던 음악감상실 이름이다. ‘깝’을 외치는 아이돌 스타들이 종횡무진하는 요즘 TV 속에서 이들의 발견은 일견 놀라울 정도다. 이 정도면 신드롬에 가깝다. ‘세시봉 친구들, 이 TV 모 프로그램에 한 차례 소개되어 공전의 히트를 기록하면서 연일 매스컴을 달구고 있다. 조영남이 출연한 MBC ‘황금어장－무릎팍도사’는 오랜만에 20%에 육박하는 시청률을 보였다고 한다. 주말 대표적인 버라이어티 프로그램인 ‘1박2일’이 지난 비슷한 시기에 19%대의 시청률을 보인 것과 비교할 때 엄청나게 높은 시청률임에 분명하다.

왜 '세시봉'에 열광할까? 시청률이 높게 나오는 이유는 무엇일까? 세시봉 효과에 대한 다양한 해석과 분석이 뒤따른다. 예능 프로그램에 우호적이지 않던 중년층이 '세시봉'의 활약으로 토크쇼에 마음을 열었다는 '세시봉 역할론'이 주종을 이루는 가운데 시청자들 역시 '세시봉'을 기점으로 중년층의 화끈한 입담에 매료됐기 때문이라는 구체적인 이유까지 언급되고 있다. 과연 그럴까? 이유는 다른 데 있다고 생각된다. '세시봉 친구들'이 대단해서가 아니다. 결과적으로 세시봉을 기억하는 사람들이 시청자로 참여했기 때문이다. 이들을 TV를 통해 본 많은 사람들은 다름 아닌 7080세대이며 이들 대부분이 바로 베이비 부머(baby boomer)라는 점이다.

KBS '콘서트 7080'의 장수 비결이 여기에 있다. 일요일 오후 11시, 조금 있으면 월요일을 앞둔 시간대에 광고도 없는 프로그램이지만 6%대의 괜찮은 시청률을 보인다. 단순히 월요일인 내일이 아니라 인생의 황혼기인 앞날을 고민해야 하는 베이비 부머들에게 이 시간은 늦은 밤의 예배, 종교의식과도 같은 시간이다. 귀에 익숙하고 추억할 수 있는 음악은 성가이고, 출연자의 노랫말은 잊고 살지만 다시금 새겨야 할 그날의 주제이자, 화두이다. 출연자와 노래 그리고 그 시절에 대한 사회자의 언급은 일종의 교독문이다.

세시봉 세대, 그들의 '주거학'으로 부동산 시장을 열다

결국 세시봉의 성공 배경에 베이비 부머들의 적극적인 참여가 한몫했다고 할 수 있다. 우리나라 '압축성장(compact growth)'의 배경에 이들이 있다. 우리나라 '부동산 불패론'과 '10년 주기설'에 이들이 있다. 최근 이들이 다시 움직이고 있다. 아니 항상 움직였지만 이들의 움직임이 새롭게 부각되는 것은 변화의 변곡점에서 이들의 선택이 시장을 좌우할 만큼 소비자로서의 파급력이 큰 것에 기인한다. 그런 맥락에서 세시봉의 성공은 일회성이 아니다. 베이비 부머들을 프로그램의 주된 소비층으로 삼을 수 있는 어떤 프로그램이 만들어지느냐에 따라 '제2의 세시봉'은 여전히 유효하다. 바로 베이비 부머들이 움직이고 있기 때문이다. 이들은 이전 세대와 몇 가지 이유로 특징적이다. 어려운 환경이었지만 교육받은 첫 세대이다. 다수의 경쟁자들이 동료로 있었지만 국가적으로 새로운 일들을 통해 다양한 경험을 쌓았다. 넉넉하지는 않지만 후대를 위해 베풀 수 있는, 베풀려는 사람들이 많은 그리고 나눌 수 있는 재능을 갖춘 첫 세대들이다.

주택시장은 이미 수요자 주도 시장으로 바뀌었다. 주된 수요자 또한 바로 베이비 부머들이다. 주택보급률과 자가보유율 모두 이전보다 많이 향상되었다. 주택시장은 신규 분양시장으로만 움직여지지 않는다. 기존 재고 주택을 통해 전세시장이 형성되는데 이들 민간 임대시장의 물건 대부분을 베이비 부머들이 공급한다. 이런 이유로 이들의 보유주택 매도와 신규 주택 구입의 향배가 부동산 시장을 움직이는 동인(動因)일 수 있다는 점은 의심의 여지가 없다. 최근 전세대란으로 언급되는 주택시장의 변화에도 이들이 있다. 전세물건을 찾지 못하는 세입자들임에도 시장에 가장 귀 기울이고 있는 세대들 역시 이들이다. 매도와 매수를 위한 시기를 고르고 있다는 표현이 맞을 듯싶다. 이것은 지금까지 평생 동안 어렵게 이룩한 자신들 대부분의 자산이 걸린 일이기에 그렇다. 지금의 주택으로 노부모도 부양해야 하고 평균 수명 80세를 맞은 본인들의 노후도 생각해야 하기 때문이다. 더욱이 자식들에게 손 벌리지 않기 위한 고독한 고민이 결정을 보다 어렵게 하는 대목이다. 세시봉은 선택해 볼 수 있거나 다시 볼 수 있는 프로그램이지만, 세시봉 세대에게 '주택'은 마지막 남은 자존심이자 보루이다. 세시봉 세대는 그래서 오늘도 '콘서트 7080'의 음악을 배경으로 자신만의 '묵도의 시간'을 갖는지 모른다. 그런 시간에는 숨죽여 그들만의 시간을 주는 것이 예의다.

03
58년 개띠를 팔로(Follow)하라

까도남과 베이비 부머

"VVIP를 위한 427명의 리스트입니다."

"이게 최선이야? 42명으로 줄여. VVIP 가운데에서도 본인들이 상위 10%인 걸 알면 더 기쁠 것 아냐. 그래야 나머지 400명은 더 분발할 거고."

'까도남(까칠한 도시 남자)'이라는 유행어를 확산시키고 있는 드라마 '시크릿가든'의 남자 주인공인 김주원(현빈)의 대사 일부이다.

2010년 한 해 백화점에서 씀씀이가 가장 늘어난 '큰손'은 50대 베이비붐 세대와 30~40대 워킹맘, 그리고 패션과 스타일에 관심이 있는 '로엘(LOEL: Life of Open-mind, Entertainment and Luxury)' 남성들인 것으로 나타났다(시크릿 가든의 남자 주인공도 '로엘족'이다. 그래서 그가 CEO로 있는 백화점 이름 또한 '로엘백화점'이다). 모 유명 백화점이 발표한 2008~2010년 고객 구매 데이터 분석 결과에 따르면 전체 매출 중 50대 고객들의 비중은 2008년

19%에서 2010년 21%로 늘어났다. 같은 기간 구매 금액은 37% 증가해 전 연령대 가운데 가장 크게 늘어났다. 반면 2008년까지 가장 높은 성장세를 보이던 20대 고객은 17%에서 15%로 2%p 비중이 줄었다. 결과적으로 로엘족의 일부가 포함된 20대 고객 비중은 점차 감소한 반면 50대 고객 비중은 조금 상승한 것이다.

구매 금액이 상승하고 있는 50대 고객들의 주축은 1955년에서 1963년 사이 출생한 소위 '베이비 붐(baby boom)' 세대다. 이들은 우리나라 역사상 경제적으로 가장 여유롭고 교육수준이 높은 중년층이다. 또한 안정된 경제력을 바탕으로 자신의 건강한 노후를 위해 운동이나 취미 생활 등을 위해서는 나름의 투자를 아끼지 않는 구매 특성을 갖고 있다. 이들 계층의 이러한 소비심리는 사회적으로 다양한 트렌드를 만들어내고 있다. 대기업에 재직하고 있는 초기 베이비 부머들이 최근 퇴직을 시작했다는 것과 이와 동시에 유명 산(山) 밑에 다양한 브랜드의 아웃도어 프랜차이즈점이 증가하는 것은 밀접한 상관성 있음을 방증한다.

이들 세대의 이러한 일반적인 구매 특성에도 불구하고 주택과 관련해서는 이들 베이비 부머들의 퇴직이 퇴직 후 생활자금 확보를 위해 거주 주택을 처분함에 따라 집값 하락을 촉발시키는 동인으로 작용할 것을 예고하고 있다. 이러한 견해는 1990년대 버블 붕괴의 주역이었던 일본 베이비 붐 세대인 1946~49년생, 즉 '단카이 세대'의 은퇴에 의한 '집값 하락'이라는 선험적인 사례가 그러한 추론을 가능하게 했을 것으로 보인다. 이러한 추론은 베이비 붐 세대의 71.5%가 집을 보유하고 있으나 이들의 92.8%가 대출을 끼고 있어 퇴직 후 가계 소득 감소가 소유 부동산 처분으로 이어질 가능성이 높기 때문에 시장 내 부동산 물량 공급 과다로 결국 부동산의 가치 하락을 초래할 것이라는 배경에 근거하는 측면이 없지 않다. 그러나 정말 그럴까? 현재로서는 아니라는 견해가 지배적이다. 즉, 현재 시점의 부동산은 노후에 처분해야 할 자산이라기보다 오히려 '안전장치'가 될 수 있다는 점에서 그렇다. 노후에도 일정 기간 동안 부동산 자산을 기초로 각자 생활을 유지해야 하며 이후 자녀 상속 등의 가치를 지닌, 여전히 보유해야 하는 대상이라는 점에 기초한다. 실제로 2006년 기준 연령별 주택 보유율을 보면 40대가 69%, 50대 81%, 60대 이상 77%로 유지되고 있다.

최근 주택시장은 미국발 글로벌 경제위기와 유럽발 재정위기 등으로 인해 여전히 가격 하락기에 속해 있지만, 탈동조화(decoupling) 경향이 확대되면서 국지적이지만 매매가격이 반등하고 있다. 이러한 반등세가 2011년에 들어서는 보다 확대될 것이라는 견해가 힘을 얻고 있어 일본식의 특정세대의 '소유 부동산 처분'으로 이어지지 않을 것으로 보인다. 결국 주택시장의 '반전' 기미에 부동산 시장의 상승국면에 익숙한 베이비 부머들의 '소비 관성'이 더해지면서 백화점의 매출 상승에 기여하고 있는 베이비 부머들과 같이 여전히 '큰 고객'으로서의 영향력을 행사할 것으로 판단된다.

이것은 당분간 베이비 부머들의 '부동산 처분' 유보를 의미하며 동시에 이로 인한 시장의 급격한 변화가 유보된다는 측면에서는 긍정적이다. 그러나 시점만 연기될 뿐 언젠가는 시장에 현재와는 다른 영향을 줄 수 있다는 측면에서 이에 대한 준비로서의 정책적 과제는 남는다.

반면 외모에 관심이 많고 자신의 가치를 높이기 위한 투자에 적극적인 '로엘족'들은 지역적으로 다소 다르기는 하지만 부침이 심한 주택시장에서 소비주체로서 적극적으로 나서기보다는 여전히 '미중년'을 향한 본인들의 관심사에 보다 몰두할 것으로 보인다. 따라서 다른 계층에 비해 베이비 부머들은 현재나 앞으로나 우리나라 주택시장의 향배와 관련해서 가장 큰 영향을 끼칠 것이라는 점은 불문가지라고 할 수 있다.

58년 개띠를 팔로(follow)하라, 본전은 한다

시장가격은 수요와 공급에 의해 결정된다. 지금까지 우리나라 부동산 시장의 불패는 공급보다 많은 수요에 기인했다고 해도 과언이 아니다. 오랫동안 수요 초과 시장이었던 셈이다. 주식시장의 작전세력과 같이 주택시장에서 수요초과 시장을 주도해온 특정 그룹이 있다면 사람들은 반신반의 할 것이다. 그러나 실제 그런 계층이 있다. 바로 베이비 부머(baby boomer)로 일컫는 1955년부터

산아제한 정책이 도입되기 직적인 1963년 사이에 태어난 세대들이다. 이 세대가 바로 우리나라 부동산 특히 주택시장의 특징이라고 일컬어지는 '10년 주기설'의 장본인들이다. 아니 엄격히 얘기하면 10년 주기설이 바로 이들에 의해서 만들어졌으며 따라서 10년 주기설은 이들의 라이프 사이클에 근거한다. 결론부터 얘기하자면 이들 베이비 부머들에 의한 부동산 시장의 새로운 변화가 시작된 셈이다.

한국전쟁 이후 1955~1963년 태어난 베이비 붐 세대는 2010년 추계로 모두 712만 명으로 총 인구에서 차지하는 비중은 14.6%에 달한다. 이들 베이비 부머는 우리나라 전체 토지의 42%가량을 보유하고 있으며, 건물 기준으로는 전체 부동산의 58%를 소유하고 있다. 우리나라 전체 주식의 20% 역시 이들 소유다. 그런데 문제가 생겼다. 막강한 자산 보유 능력을 갖고 있는 이들에게 변화가 생기기 시작한 것이다. 그렇다면 58년 개띠로 상징되는 베이비 붐 세대들에게 도대체 어떤 변화의 조짐이 생긴 것일까? 1955년생들이 2010년부터 은퇴를 시작한다. 우리나라 기업의 42%가 55세를 정년으로 하고 있다는 측면에서 이들의 퇴직은 사회적인 문제임에 분명하다. 대규모 소비계층이었던 이들이 새로운 변화의 서막을 시작한 셈이다.

국내 굴지의 모 자동차 회사는 최근 디자인이 개선된 급이 다른 여러 종류의 차를 출시하고 있다. 그 가운데 새롭게 소개된 중대형급 '쏘○타' 브랜드는 이번에 뒷좌석 쪽 천장이 낮은 쿠페형을 채택했다. 중대형급으로는 다소 파격적인 디자인 콘셉트이다. 그러나 그 이유가 앞으로 2인 이하 또는 어린 자녀들이 동승하는 것을 전제로 한 것이라는 점에서 이미 인구구조의 변화를 상품 디자인에 감안했음을 짐작할 수 있는 대목이다. 이것만이 아니다. 기업형 슈퍼마켓(SSM) 역시 기존의 대형 할인점을 통한 '대량구매' 패턴이 58년 개띠들을 중심으로 한 인구구조학적 변화를 감안할 때 조만간에 주거지 중심의 근거리 '소량구매'로 전이될 것이라는 판단이 작용한 것이라면 너무 앞선 확대 해석일까? 우리나라 인구구조의 변화가 이전까지는 막연한 전망에 의한 예측이었다면 기업들은 벌써 이러한 변화를 실제 상황, 즉 '현상'으로 읽고 이에 대한 대비책을 실제 마케팅에 활용하고 있는 것이다.

다시 부동산으로, 에코 붐(Echo Boom)

베이비 부머들은 우리나라의 경제 성장과 맥을 같이하면서 부동산을 통해 경제를 익혔다. 부동산을 통해 자산을 늘려 왔다. 따라서 여전히 부동산에 대한 기대감이 있다. 왜냐하면 최소한 '부동산 불패' 신화가 유효하게 작동해왔고 부동산을 통해 실물경제를 익혀왔기 때문이다. 따라서 퇴직 후의 경제활동에 있어서도 부동산은 안정적인 노후 생활을 위한 안전편과도 같은 대상이다. 그런데 유의해야 할 점도 있다. 바로 일본의 경험이다. 베이비 부머의 은퇴 뒤 수요가 급격히 줄어 부동산 가격 붕괴를 경험했던 일본의 전례는 대부분 집 한 채가 재산의 전부인 베이비 부머들을 곤혹스럽게 만드는 부분이다.

그러나 이에 대한 안전핀은 아이러니(irony)하게도 베이비 부머의 자녀 세대들이 갖고 있다. 1983년을 전후한 시점의 자녀가 있다면 그 사람은 분명 1955년과 1963년 사이의 베이비 부머다. 수적으로 많은 베이비 부머들은 결혼 후 다른 세대와는 달리 역시 많은 자녀들은 낳았다. 결혼한 세대가 많으니 결혼 후 낳은 자녀들 또한 다른 세대에 비해 많을 수밖에 없다. 베이비 부머들이 낳은 자녀 세대, 그들이 바로 '에코 부머(Eco Boomer, 1977~1997년생)'들이다. 그들에게 지금 당장 필요한 것은 일자리(job)임과 동시에 잠자리(home) 아니 투자재로서의 주택(house)이다. 아버지 세대인 베이비 부머보다 인구비중에 있어 오히려 크다. 그들 역시 주택이 현실적으로 필요하고 주택을 통한 재테크의 유효성을 아버지 세대를 통해 배운 학습효과가 있다. 따라서 에코 붐 세대들에 의해서라도 우리나라의 부동산 시장의 급격한 변화는 당분간은 없을 듯하다. 그럼에도 주택시장에 변화가 시작된 것은 베이비 부머들의 퇴직이 현실화되었다는 점이다. 부동산 소비의 '핵'이라고 할 수 있는 중심에 변화가 생긴 것은 피할 수 없는 현실이다.

04

미국의 베이비 부머와 CCRCs 그리고 UBRC[9]

미국도 부동산 시장의 가장 큰 고객들이 고령화되고 있다

미국의 베이비 부머는 현재 미국 전체 주택의 약 50%를 소유하고 있는 부동산 시장의 가장 큰 고객이다. 이들은 2008년 금융위기 이전까지만 해도 원하는 장소에 세컨드 하우스(second house)를 구입하여 노후에 하고 싶은 일을 하며 살고 싶다는 것이 일반적인 바람이었다. 따라서 미국사회에서는 퇴직이 곧 꿈(dream)으로 인식되었다. 특히 미국의 장년층(50대 이후) 인구들은 주택 등 부동산 자산 외에 금융자산도 상당부분 보유하고 있었기에 베이비 부머들의 은퇴 이전에도 다양한 노인주거나 노인복지프로그램이 발달되어 있었다.

그러나 글로벌 금융위기를 겪으면서 미국인들의 정서에 큰 변화가 생기고 있다. 특히 미국의 중년층(40대)들은 퇴직을 가능한

---

9) 본 내용은 저자가 참여해 출간된 『저출산 고령화와 삶의 질 II −주택 부동산 부문』(한국보건사회연구원, 2011)의 원고를 기초로 재구성 하였다.

한 늦게 하면서 오랫동안 '일'을 하고 싶어 한다. 아울러 퇴직 이후에 '어디에서 살아야 하는가(Where to live)?'가 중요한 고민거리가 되었다. 지금까지는 퇴직을 하고 나면 대부분이 실버타운으로 이주하겠다는 의사를 나타냈지만 최근에는 2/3 이상이 "그냥 살던 곳에 살겠다"는 응답을 하고 있다고 한다.

따라서 미국에서도 실버타운 중심의 노인 주거 복지프로그램을 좀 더 다양화해야 한다는 목소리가 커지고 있다.

미국의 노인 커뮤니티 모델
CCRCs(Continuing Care Retirement Communities)

일반적으로 노인들은 경제력이 있다면 보다 잘 갖추어진 의료시설과 서비스를 이용할 수 있고 보다 풍요로운 여가생활을 보낼 수 있는 노인주거환경을 원하고 찾는 것은 인지상정이다. 일본의 '실버타운'이 익숙한 용어가 되었지만 우리나라에서는 공공영역에서 '유료노인복지주택'이라고 하고 미국은 '은퇴자 커뮤니티'라는 표현을 쓰고 있다.

미국 노인커뮤니티의 대표적인 모델은 CCRCs라고 할 수 있다. CCRCs는 일반적으로 혼자서도 독립적인 생활이 가능한 건강한 노인(Independent Living), 약간의 보조를 통해 일상생활을 영위(Assisted Living)하는 노인, 혼자서는 생활할 수 없어 전적인 지원이 필요한(Skilled Nursing Home) 노인, 그리고 치매를 다루는 경우(Dementia Unit), 재활을 도모하는 경우(Rehabilitation Center)로 구성되어 있다.

미국 은퇴자 커뮤니티의 시작은 18세기로 거슬러 올라가 종교
단체, 지역사회 비영리 기관 후원에 의한 부양가족이 없는 노인들
의 양로시설에서 비롯되었다. CCRC모델은 원래 자선단체의 후원
을 받는 은퇴한 성직자, 선교사, 종교인을 위한 시설이었다. 요즘
과 같은 CCRCs 타입은 1970년에 비로소 본격화되었으며 당시 250
개였던 CCRCs가 1995년에는 1,700개까지 늘어났고 따뜻한 남쪽지
역인 플로리다 · 애리조나 등에서 성장하게 되었다. CCRCs는 2007
년 현재 약 2,400개로 매년 40개가 새로 생기고 있다. 운영자의 96%
가 비영리단체 혹은 종교단체이고 4%만이 영리단체이며 주체도 병
원 연계, 대학 연계, 서비스 업체(호텔) 등 다양해지고 있다. 우리에
게 고급호텔 프랜차이즈로 알려진 하얏트도 'The Classic Residences by
Hyatt'라는 은퇴자 커뮤니티를 미 전역에 20여 개 운영하고 있다.
건강할 때 들어가서 다양한 여가, 취미생활의 커뮤니티를 이용할
수 있고 노인의 건강을 잘 아는 의료지원을 받으며 죽을 때까지 한
시설에서 품위 있는 죽음을 맞이하고 때론 재산을 은퇴자 커뮤니티
에 기증하기도 하는 문화가 바로 미국 CCRCs의 단상이다.

시니어와 대학 교육의 만남 UBRC
(University Based Retirement Community)

선진국에서는 점점 지역사회에서 시니어 커뮤니티(Retirement
Community)들이 대학교의 평생교육(Lifelong Learning)을 활용하는

추세이다. 대표적인 예가 미국의 UBRC(University Based Retirement Community), URRC(University Related Retirement Community)와 일본의 칼리지 링크(College-Link)형 시니어 커뮤니티이다. 대학교가 사업주체가 되어 은퇴자 커뮤니티를 직접 운영하거나 시니어 커뮤니티가 대학교의 다양한 교육프로그램 등을 이용할 수 있도록 하여 은퇴자 커뮤니티와 대학교 모두 시너지 효과를 얻고 그 혜택도 시니어들에게 돌아가는 구조이다. 선진국에서는 시니어가 될수록 시간적인 여유가 많고, 자녀교육과 지원의 부담이 줄어 상대적으로 경제적 여유가 생겨 지적 호기심을 채우는 공부와 여가를 더욱 선호하기 때문이다.

미국에서도 UBRC가 부각되고 있는데 이는 앞으로 더욱 발전할 것으로 전망된다. 그 이유는 2011년부터 미국 대학교의 학생 수가 감소할 것으로 예상되면서 대학 자체가 새로운 패러다임의 경영 마인드가 필요하기 때문이다. 대학들은 바로 시니어계층들이 줄어드는 젊은 대학생의 대안이 될 수 있다고 보고 있다. 게다가 앞으로 미국 고령화 사회에 강력한 소비주체로 성장할 베이비 부머들은 더욱더 평생교육에 대한 관심과 참여가 높아 베이비 부머 은퇴 이후를 더욱 주목하고 있다. 이러한 추세는 고령화 사회를 겪고 있는 유럽, 아시아, 호주에까지 이어져 많은 대학교들이 UBRC를 적극적으로 검토하기에 이른다.

그러나 미국의 모든 UBRC가 성공한 것은 아니다. 대표적인 사례로는 스탠퍼드, 노트르담, 듀크, 코넬 대학 등이 있으나 인디애나 대학과 아이오와주의 그린힐 대학 등은 UBRC의 실패사례로 소개되고 있다. 은퇴자들이 대학교에서 제공하는 음식에 불만을 제기하거나 주거 사업자들이 관료주의적인 대학교와 파트너십을 이어나가기 어려운 면을 지적하기도 한다.

그래서 UBRC의 운영과 디자인에 관하여 조지메이슨 대학 프로그램에서는 5가지의 기준(1.6km 이내의 주요시설 접근성, 대학 프로그램 및 자원봉사 참여 보장, 입주자대표·대학교·주거사업자의 프로그램 공동 모니터링 및 관리, 연속적 케어가 가능한 CCRC 접근, 적어도 입주의 10% 이상은 학교 임직원이나 가족, 동문 타깃팅)을 제시하고 있다.

은퇴자 도시(Senior-Friendly City)와 시니어 코하우징(Living Together, Aging Together)

고령자를 위한 은퇴자 커뮤니티가 발달한 미국에는 2만여 개가 넘는 미국 은퇴자 커뮤니티를 갖고 있다. 그중에서도 세계 최고의 은퇴자 도시이자 50년의 역사를 갖고 있는 '선시티(Sun City)'는 '은퇴자들의 천국'이라고 불릴 정도로 고령자들을 위한 종합선물세트라고 할 수 있다.

선시티는 서남부 선벨트와 해발 약 366m에 위치해 연중 온화한 기후를 유지하고 연간 312일 이상 햇빛이 비친다는 데서 그 명칭이 유래됐는데 선시티가 있는 애리조나주는 미국 은퇴자들에게는 플로리다 다음으로 인기가 많다. 미국의 시니어 주거산업 발전은 선시티 설립자인 고(故) 델 웹(Del Webb)으로부터 비롯되었다.

그는 미국의 급속한 고령화와 전후 연금 등으로 은퇴 예정자들의 경제력이 좋아지고 과학·의학 기술 발달로 노인들이 풍요로운 노후를 즐길 것을 예상하면서 시니어를 대상으로 하는 은퇴자 도시를 설립했다. 약 1,090만 평(여의도의 12배 크기) 규모의 대지에 2만 6,000세대의 주거시설이 있고 인구 4만 2,000명이 거주하는 선시티는 시니어들에게 필요한 다양한 시설과 프로그램, 콘텐츠를 보유하고 있다는 것이 장점이다.

평생교육이 가능한 대학 인프라, 골프를 대표로 하는 스포츠 여가, 건강과 생활의 안정을 도모할 수 있는 각종 의료 시설과 상업 시설, 종교 시설 등이 잘 갖춰져 있다. 하지만 선시티도 오랜 운영 경험 속에서 여러 시행착오를 겪으며 극복해야 하는 과제를 안고 있다. 고령자들만의 도시에서 새로운 노인 유입 부족에 따른 도시로서의 정체성, 생기 부족, 전 세계의 경제위기와 연관된 미국의 경제침체가 선시티를 비롯한 은퇴자 커뮤니티의 미래를 불확실하게 만들고 있는 것이다.

그래서 미국의 은퇴자 커뮤니티들은 가족과 다른 세대 간 교류에 더 많은 관심을 보이고 있고 은퇴자들이 직접 커뮤니티 운영에 참여하고 있으며 각자 살아 온 인생의 다양한 경험을 나눌 자원봉사시스템이 활성화되어 있다. 또한 지속적인 발전을 위해 '선시티 문화'를 선호하는 고령자들이 은퇴자 학교 설립과 젊은층 타깃 상점 개설 등 자녀세대도 이용할 신도시를 건설하는 등 시대적 변화에 대한 유연한 대응을 시도하고 있다.

미국, 영국, 호주, 북유럽 등 선진국에서 유행하는 시니어들의 새로운 주거형태인 코하우징은 1960년대 덴마크에서 시작되었다. 코하우징은 이웃과 자주 친밀한 교류를 모색하는 사람들이 개인생활 영역과 공동 활동 공간을 하나의 공동체로 조합한 생활조직이다.

코하우징은 개인공간과 넓은 주방, 다양한 공동시설에서 친목 활동과 운영활동의 공유를 통해 이웃과 세대 간 교류를 넓히고 정보나 공간, 물건들을 함께 나눔으로 해서 경제적이고 환경적이면서도 실용적인 이득도 얻을 수 있는 장점이 있다. 특히 신체기능이 점점 떨어지고 사회적 유대가 보다 필요한 시니어들에게 AIP(Aging in Place), AIC(Aging in Community)를 실현하는 데 코하우징이 유용하다는 시대적 트렌드에 발맞춰 시니어 코하우징이 부각되고 있다.

시니어 코하우징은 사생활과 공동생활의 조화(프라이버시를 존중받되 보살핌을 공유하자는 발상), 도서관·게스트룸·정원·세탁·주방 등 공유 및 식사 당번 로테이션 등 모든 결정은 회의를 통한 합의제(새로운 잔디 깎기 기계 구입, 커뮤니티 명의의 자선기금 헌납 등 주제 다양, 편의상 의장·서기·회계의 역할 분담, 잡초 뽑기와 눈·낙엽 치우기 등 집안 잡일을 이웃과 함께 '놀이'로 간주), 단기적으로는 비싸지만 장기적으로는 비용 절약(공동난방으로 에너지 절약, 각종 장비(잔디 깎는 기계, 자전거, 자가용 등) 공동 사용}을 추구한다는 특징이 있다.

우리에게 주는 교훈과 시사점

미국의 노인주거 프로그램은 비교적 고령화 사회가 도래하기 이전부터 발달되었다는 특징이 있다. 아울러 노인인구의 변화, 경제 사회환경 변화에 맞추어 노인주거 프로그램이 끊임없이 진화하고 있다는 점도 매우 흥미로운 사실이다. 즉, 미국의 사례를 통해 우리는 노인커뮤니티의 완전한 형태는 존재하지 않으며 실버산업, 노인주거문화도 계속 진화하고 변화해야 한다는 것을 생각해 볼 수 있다. 특히 노인계층의 새로운 소비계층으로 등장하는 베이비 부머들의 라이프 스타일이 과거보다 다양한 세대와 삶을 공유하고 보다 친환경적인 주거환경을 요구하고 있다는 사실은 흥미로운 발견이다.

평생교육, 여행을 접목한 다양한 여가 콘텐츠가 확대추세인 선진국의 경우처럼 세대가 같이 느끼고 즐길 수 있는 다양한 상품 및 서비스가 개발, 접목되어야 할 것이다.

우리나라도 건국대가 관여한 '더클래식 500'을 시작으로 지방소재 국립대 등이 대학과 연계한 노인주거 프로그램의 도입을 검토하는 것으로 알려져 있다. 그러나 단순히 VIP시니어들을 대상으로 비즈니스적으로만 접근할 게 아니라 미국, 일본 등 선진국처럼 대학교가 지역사회에서 갖는 역할, 차별화된 대학교의 경쟁력에 맞춰 접근되고 추진되어야 할 것이다.

미국은퇴자협회(AARP) 자료에 따르면 50~66세 인구의 22%가 코하우징에 관심을 갖고 있다고 한다. 미국의 베이비 부머처럼 우리나라의 액티브시니어, 베이비 부머들 역시 독립적, 적극적, 친환경적인 라이프스타일을 추구하고 있다. 실제 Aging boomer가 되고 있는 그들의 귀농·귀촌과 해외이민이 늘어나고 있는 상황에서 코하우징과 같은 새로운 주거문화에 대한 관심과 참여는 더욱 확대되어야 할 것이다.

05
일본 단카이 세대와 주택시장

일본 단카이 세대의 주택 수요 특성

일본에서도 주택은 30대부터 40대에 걸쳐 취득하는 것이며, 정년퇴직 후에는 그 집에 계속해서 주거하는 것이 일반적인 통념이다. 때문에 단카이 세대의 대량퇴직은 주택투자를 하지 않는 연령층을 늘려 주택시장에 커다란 마이너스 요인으로 작용하게 될 것이라고 보는 것이 일반적이었다. 그러나 일본의 통계에 의하면 이미 주택소유 비율이 2/3가 넘는 50대 중반과 60대 이후에서도 주택소유 비율이 소폭 상승하고 있는 것으로 조사되고 있다.[10]

2003년의 '주택수요실태조사'에 의하면, 적어도 60대 초반까지는 신규주택을 취득하려는 데 적극적이라는 조사결과가 나왔다. 또한 고령가구들은 주택의 취득, 건설 외에 주택의 리폼에도 적극적이어서 주택투자의 전체적인 수준이 저하되지 않고 있다. 이처

---

10) 일본에서는 고령자가 되어도 주택보유율은 오히려 상승, 자산액도 증가하지만, 미국의 경우 65세 이상이 되면 자산액과 보유율이 낮아진다. 이는 미국의 고령자가계에서는 은퇴 후 부부 둘이 생활하기에 충분한, 보다 좁은 주택으로 이사하는 경우가 많기 때문으로 보인다. 일본에서도 그러한 라이프 스타일의 변화 조짐이 엿보이긴 하지만, 아직 전반적인 트렌드가 되고 있지는 않다.

럼 기존 60대의 주택투자 수준이 하락하지 않은 상황에서, 특히 단카이 세대의 경우에는 퇴직 후에 퇴직 전 이상으로 주택에 자금을 투자할 가능성이 높은 것으로 보인다.

이처럼 단카이 세대가 주택투자에 적극적인 이유는 먼저 지금까지 주택과 이렇다 할 인연이 없었기 때문이다. 실제 50대부터인 단카이 세대의 자가 소유율은 윗세대와 비교해 상대적으로 낮은 편이다. 단카이 세대의 자산형성이 원활하지 않았던 것은, 주요 자산형성기에 인구의 대도시 집중으로 인한 자산가격 급등, 버블 붕괴와 같은 자산시장의 큰 변화를 직접 겪었기 때문이다. 대부분의 단카이 세대는 취직을 위해 지방에서 대도시권으로 상경했으며, 1970년대 초반에 결혼해서 가정을 형성하였다. 주택을 구입한 시기의 정점은 1980년대 초반이었는데 이 시기는 인구의 대도시 집중화가 급격히 진행되어 양질의 주택이 절대적으로 부족했던 때였으며, 단카이 세대는 집을 임대하거나 출퇴근에 1시간 이상 걸리는 교외주택을 구할 수밖에 없었다. 많은 단카이 세대가 수도권이라고 해야 지바, 사이타마, 가나자와 현의 도심이나 베드타운, 뉴타운이라 불리는 지역에 거주했던 것은 이 때문이었다. 또한 단카이 세대의 주택취득은 버블기에 해당하는 1980년대 후반에 높은 수준을 유지하고 있는데, 특히 1986~90년 동안의 구입비율은 다른 세대와 비교해 높다.

버블 당시에 주택취득 비율이 높았기 때문에, 이후 단카이 세대는 주택가격 하락에 의한 손해와 막중한 부담을 떠안게 된다. 단카이 세대의 부채액 추이를 살펴보면,[11] 1980년대 후반에 급증한 다음, 1990년대 초반에는 계속 비슷한 곡선을 그렸다. 버블기의 주택투자와 부채의 확장이 훗날 대차대조표 조정의 형태로 주택투자를 억제했음을 엿볼 수 있다. 1995~96년에 들어서서 겨우 단카이 세대의 대차대조표 조정은 마무리되는 것으로 나타난다. 하지만 단카이 세대의 소득은 1993년경에 정점을 찍은 후 1998년부터 감소세로 돌아섰다. 윗세대와 비교해 가장 소득이 높아지는 45세부터 퇴직 시까지의 소득이 증가하지 못했기 때문이다. 일본경제가 버블붕괴 후의 장기불황을 거치며 디플레이션 상황에 빠져 있는 동안, 기업이 임금 삭감 등 냉혹한 구조조정을 실행한 것이 그 배경이었을 것이다. 마침 이 시기에 단카이 세대는 종래의 연공서열 임금체계하에서 비교적 높은 급여를 받던 세대에 해당되었기 때문에 타격을 입었을 것이다. 결국 이 소득감소가 주택투자의 억제 요인으로 작용한 셈이다. 심각한 불황과 미래에 대한 불안도 강했던 탓에 선뜻 주택건설에 나서지 못한 사람들이 많았던 것이다.

이처럼 1970년대의 대도시권 주택부족, 버블붕괴의 피해, 40대 중반 이후의 소득감소 등으로 단카이 세대는 지금까지 주택투자에서 충분한 이익과 효용을 얻지 못했다. 그렇지만 단카이 세대는 주택상황이 상대적으로 열악했던 만큼, 퇴직 후 인생에서 주생활을 중시하는 비중이 어느 세대보다 강했던 것 같다. 일반적으로

---

11) 총무성 '저축동향조사'(현재는 '가계조사')에 의한 것임을 밝힌다.

퇴직 후에는 직장과 출퇴근을 이유로 삼았던 주택취득이 감소한다. 한편 주거와 환경에 대한 불만 등을 이유로 주생활을 개선하고자 하는 주거이전이 증가하는 것이 기존의 패턴이다. 단카이 세대의 최근 주택취득을 살펴보면, 지금의 주택에 대한 불만을 이유로 하는 주택취득이 많았다. 단카이 세대의 주택구입이 피크를 이루었던 시기가 1980년대 초반이라 했을 때, 주택의 내구성이 30년 정도인 것도 최근 주택취득이 늘어난 배경일 것이다. 이들의 주택에 대한 불만은 단순히 '좁다', '해가 잘 들지 않는다' 등의 물리적 조건뿐 아니라, 주택취득을 자신의 취미, 라이프스타일의 실현과 연결 짓는 패턴이 다른 세대보다 강하다는 점이다.[12] 단카이 세대의 특징 중 하나인 취미적 인생의 추구를 볼 때, 주생활에 대한 집착, 기대가 특히 높을 가능성이 존재한다.

일본 단카이 세대의 주택취득 자금원:
퇴직금과 상속재산이 주류

2003년에 실시한 '주택수요실태조사'에 의하면, 이사를 하거나 집을 개축할 의사가 있는 세대가 동원할 수 있는 자금은, 55~59세까지 평균 1,860만 엔, 60~64세 평균 1,320만 엔이다. 전체 인구 평균 소요자금은 주문주택(건축비) 2,824만 엔, 분양주택 3,636만 엔,

---

12) '주택수요실태조사'(국토교통성 2003년)에 의하면, 최근 주거를 옮긴 세대에게 그 이유를 물은 결과, 단카이 세대를 포함한 55~50세층의 4.0%가 딱히 불만은 없지만 좋은 주택으로 옮기고 싶었기 때문이라고 말했다. 이 비율은 각 연령층에서 최고를 차지했다. 이는 주택에 대한 현실적인 불만이라기보다 취미적인 이유로 주택을 구입하는 사람이 단카이 세대에서 늘어나는 것을 보여준다 하겠다.

리폼 비용 210만 엔(국토교통성 주택시장동향조사 2004년도)으로 조사되고 있는데 55세 이상의 수요자가 동원 가능한 금액 대비 평균적인 주택가격은 여전히 높은 수준이다.[13]

특히 단카이 세대의 저축액은 고도성장 덕분에 이전 세대를 웃돌았지만, 소득의 감소로 인해 1990년 중반에 윗세대의 저축 수준으로 저하했다. 버블붕괴 이후부터는 돈을 빌리는 것 자체를 자제해 왔으며, 윗세대보다 부채가 많았던 탓에 순저축액도 상대적으로 적은 편이다.

따라서 퇴직 시기부터 노후까지 주택자금으로 보완할 만한 가능성이 있는 것은 퇴직금과 상속이다. 2004년 기준 상장기업 혹은 그에 필적하는 기업의 대졸 종합직의 적정 퇴직금은 2,368만 엔(노무행정연구소 조사), 실제 지급된 평균치(후생노동성의 '임금사정등 종합조사' 정년퇴직 대상)는 2002년에 2,040만 엔이다.[14] 상속 면에서는 피상속인(부모)의 사망 시기가 늦어지면서 상속인(자녀)이 유산을 상속하는 연령 또한 높아지고 있다. 2000년 부모 사망 시 자녀의 평균연령이 첫째가 57~61세, 둘째가 55~59세였는데 마침 퇴직 시기와 절묘하게 중복되는 시기였다.[15] 결국 70대 이상의 노인이 50대에게 자산을 물려주는 셈이다. 단카이 세대는

---

13) 집을 다시 살 경우에는 매각대금을 취득자금으로 사용하게 되므로, 중고주택 가격 동향이 취득능력과 관계되어 있다.

14) 다이이치생명경제연구소의 계산에 의하면, 단카이 세대가 퇴직할 2007~2009년에 매년 15조 엔이 넘는 퇴직금이 지불되어야 하며, 3년 동안 총 47조 엔, 전후 해를 더하면 70조~80조 엔이라는 계산이다. 은행, 증권사 등이 이 거액의 돈을 놓고 분쟁전을 시작했다.

15) 동경미쓰비시은행의 〈미쓰비시리뷰〉 2003년 1월 23일호.

퇴직을 전후로 퇴직금과 함께 부모님께 유산을 상속받으며 생겨
난 돈을 주택자금에 투자할 여력이 생긴 셈이다. 주택을 상속받아
그 집에 살게 되는 경우도 있다. 그러한 경우는 새로운 주택투자
를 억제하는 요인이 된다. 하지만 상속은 주거를 위한 것이라기보
다 오히려 건축비나 새로운 주택의 구매자금이 될 가능성이 더 높
은 것으로 조사되고 있다.

고령화될수록 개선·욕구 충족을 위한 이사수요는 높아, 임대 주택에 대한 수요도 증가

퇴직 후 주택투자는 출퇴근이나 결혼 등 일과 생활을 이유로
한 것부터, 주생활의 개선과 욕구 충족이라는 주택 자체의 가치
실현을 목적으로 하는 경향으로 변화하고 있다. 단카이 세대는 그
러한 경향이 보다 명백해질 가능성이 크다. 그렇다면 단카이 세대
는 향후 주생활이라는 면에서 구체적으로 어떠한 수단을 구사하
려고 생각하는 것일까.

2003년 '주택수요실태조사'에 의하면 당시 이사 혹은 집을 개축
할 의지가 있는 세대는 단카이 세대에 해당하는 55~59세(20.4%)와
50~54세(21%)에서 가장 높게 나타났다. 그 내용은 리폼(전체의
10.6%가 계획)이 대부분이었지만, 집을 신축하거나 구입할 의향이
있는 세대의 비중도 도합 5.0%로 개축(2.5%)보다 높았다. 주택을
짓기 위해 토지를 매입한 세대가 많다는 데이터도 존재한다.[16]

1998년 조사와 비교해보면, 해마다 개축을 계획하는 세대 비율이 감소하고 있는데, 55세 이상의 세대에서는 주택의 신축과 구입을 계획하는 비율이 높아지고 있다. 특히 단카이 세대는 주생활 개선을 위한 선택에서 가장 능동적인, 주거이전을 꾀하려는 의지가 강하다고 볼 수 있다.

특히 55세 이상의 인구들이 주거지를 이전하면서 구매가 아닌 임대로 점유형태를 변화하는 경우가 늘고 있다. 임대주택으로 이사 간다는 것은 경제적인 이유에 의한 '자가소유 포기'에 속할 수도 있다. 실제 단카이 세대의 경우 자가에서 임대주택으로 옮겨가는 비율이 9.9%로 윗세대와 비교해 높았고, 반면 '임대에서 자가'로 옮겨가는 통상적인 이사형태의 비율은 상대적으로 낮았다. 이 세대의 경우 이미 자기 집이 있어도 매각하고 다른 주택을 임대해 옮겨가는, 임대를 적극적으로 선택하는 경향이 윗세대보다 높게 나타나고 있는 것이다.17)

일본에서는 종래 임대주택 입주→분양주택 구입→원하는 주택 건설이라는 과정을 거쳐 왔으며, 최종적으로 단독주택을 소유하길 꿈꾸는 패턴이 일반적이었다. 이 조사에 드러난 단카이 세대의 행동에서는 일본인이 전통적으로 자기 집을 갖길 바라는 가치

---

16) 국토교통성의 '토지보유이동조사'(2002년 거래)에 의하면, 분양주택과 맨션이 아니라, 주택을 짓기 위한 토지를 구입한 사람 가운데, 50∼59세가 차지하는 비율이 23.0%로, 30대의 25.1% 다음으로 많았다. 이 세대에서 주택신축으로 이사를 계획하고 있는 사람이 많다는 점을 알 수 있다.

17) (주)리쿠르트의 조사(2003년 10∼12월)에 의하면, 임대주택신규계약자 가운데 40세 이상 층에서 '앞으로도 임대주택에 살 계획'이라고 답한 사람이 25.2%, '조건에 따라 임대라도 상관없다'가 30.1%로, 임대선택비율이 30대보다 높았으며, 1999년에 실시한 조사보다 대폭으로 상승했음을 알 수 있다. 선책 이유는 '자유롭게 집을 바꾸고 싶어서'라는 대답이 35.8%로 가장 높았다.

관이 변화해 새로운 주택을 선택하려는 조짐을 엿볼 수 있다. 이는 단카이 세대의 노후 주거에 대한 사고방식이 변했다는 증거일 것이다.

고령기에 적합한 주거형태를 조사한 결과, 30대까지 단독주택을 소유하기를 바라는 층이 절반에 달했지만, 고령기에 가까워질수록 이러한 희망은 줄어들고 60대 이후가 되면 30% 이하로 감소한다. 다시 말해 실버타운을 선택하는 비율이 높아지고, 65세가 넘어서면 이러한 비율은 절반에 달한다. 집과 정원의 관리, 개호 등의 현실적인 문제를 고려했기 때문으로 보인다. 이러한 일반적인 경향에서 단카이 세대(2003년 55~59세)의 특징은 보다 젊은 세대와 비교했을 때 단독주택을 지향하는 경향이 일단 저하된 반면, 공동주택과 임대주택을 선택하는 비율(각각 6.9%, 10.3%)은 현저하게 높아졌다는 것이다.

국토교통성의 '향후 주거방식과 부동산에 대한 앙케트'(2004년 1월)에 의하면, 노후에 자녀와 함께 살기를 바라는 단카이 세대의 비중은 감소했으며, '부부끼리' 살고 싶다고 대답한 사람이 63.9%에 달했다. 이렇게 고령자만의 생활을 바라는 주거수요 특성 때문에 보다 기능적인 공동주택과 임대주택을 바람직한 주거형태로 선택하는 측면도 있을 것이다.

06

누가 이겼을까? 도심아파트 vs. 전원주택

아파트와 견줄 만한 '대체' 주택이 있다면 무엇일까? 설문의 요지가 그것이었을까? 같은 값으로 교통과 생활이 편리한 도심 속 아파트와 자연과 가까운 도시 인근 전원주택 중 하나를 선택할 수 있다면 고객님께서는 어떤 집에 사시겠습니까? 네이버 부동산 issue & poll에서 최근 실시한 설문조사다. 총 401명이 참여한 설문조사 결과는 예상을 빗나갔다. 한마디로 의외였다. 전원주택이 도심 속 아파트보다 높은 선호를 보였기 때문이다. 10명 중 대략 6명이 같은 값이면 도심 속 아파트(40.9%)보다 자연과 가까운 도시 인근 전원주택(59.1%)을 선호한다는 얘기다. 과연 그럴까? 전원주택을 선택한 237명은 실제 상황에서도 전원주택을 선택할까? 결론부터 말하자면 조사 결과와 일치하지 않을 가능성이 크다. 전원주택을 선택한 237명 가운데 일부 또는 도심 아파트를 선호한다고 답한 사람들의 일부가 실제 상황에서는 조사 때와는 다른 선택을 할 가능성이 높다. 왜 그럴까? 응답자들은 그야말로 개인적인 선호(preference)로 답했기 때문이다.

출처: http://land.naver.com/news/openForum.nhn?ofrm no=280

'선호(preference)'는 '선택하고 싶은 것을 선택' 할 수 있는 자유의지다. 경제학에서 말하는 '지불의사(willingness to pay)'나 '지불능력(affordalility)'이 있는 실수요자와는 달리 실제 '지불의사'나 '지불능력'과는 상관없이 욕구, 기대가 반영된 결과이다. 따라서 실제 자신의 여건 또는 상황과는 상관없이 개별적인 희망사항을 선택하는 것이다. 이는 수요(demand)와 대비되는 대목이다. 이런 이유로 전원주택을 선택한 선호비율이 도심 아파트를 선택한 비율보다 높음에도 실제 실현 가능성은 조사결과와 다를 수 있다. 그럼에도 불구하고 같은 값이면 도심 아파트보다 전원주택을 선호하는 비율이 높다는 것은 결과 자체만으로도 의미 있다고 할 수 있다. 특히, 최근의 주택시장 분위기를 감안하면 시사하는 바가 크다. 전원주택에 대한 높은 선호가 현재의 주택 시장에 주는 메시지는 무엇일까?

'선호'는 선호일 뿐… 아직도 '아파트'인 이유

여러 가지 이유에서 아파트는 아직도 대세다. 대표적인 도시주거 유형이면서 여전히 주택가격을 선도한다는 점에서 아파트를 선택한 소비자 입장에서는 그렇다. 이런 이유로 아파트 선호 분위기는 당분간 지속될 것으로 보인다. 비록 도심 아파트보다 전원주택에 대한 선호비율이 높게 나타났지만 도심 아파트를 선택한 응답자 가운데 전원주택에 거주했다가 거주불편 등의 이유로 도심 아파트로 회귀한 분들의 댓글이 유난히 많다. 이것은 전원주택에 대한 선호와 실제 거주 간에는 많은 차이가 있을 수 있음을 방증한다고 할 수 있다.

그럼에도 '같은 값이라면'이라는 보편적이지 못한 전제가 붙기는 했지만 도심 아파트보다 전원주택을 선택한 선호비율이 높게 나타난 배경은 무엇일까? 가장 큰 이유는 첫째, 최근 아파트 가격의 부진에 기인한다. 설마 하락할까 했는데 정말 그렇게도 될 수 있겠다는 현실을 보면서 갖게 된 불안 심리가 반영된 결과다. 결국 아파트에 대한 대체재로서가 아닌 전원풍 주택에 대한 막연한 동경심의 발로로 해석되는 대목이다.

둘째, 2010년 현재 재고주택 가운데 아파트 비율은 약 55% 수준이다. 전수조사를 통한 2005년 인구주택총조사 결과에서도 53%를 점하고 있다. 우리나라 재고주택의 반 이상은 아파트다. 그런데 자가보유율은 대략 60% 수준이다. 40여 %의 가구는 아직도 내 집을 보유하고 있지 못하고 있다. 그만큼 임차가구로 존재함을 의미한다. 따라서 상당수의 임차가구는 재고주택의 절반이 넘는 아파트에 거주할 가능성이 높음을 의미한다. 따라서 응답자의 거주주택 특성은 파악되지 않았지만 위의 일반적인 통계 수치를 차용하면 아파트에 거주하고 있는 자가점유가구와 임차가구 응답자들이 '같은 값이면' 지금까지 살아봤던 아파트가 아닌 전원주택에 거주하고 싶은 욕구 또는 기대가 역설적으로 반영된 결과일 수 있다. 거주의 편의성 측면의 선호보다는 소득대비 높은 아파트 가격에 대한 거부감의 표현이라고도 할 수 있다.

셋째, 욕구나 기대로서의 선호가 아닌 지불능력 있는 실수요자로서의 수요(demand)의 반영일 수 있다. 응답자 가운데 일부는 아파트에 거주하고 있지만 라이프 사이클상 자녀들의 대학교육을 마쳤거나 출가시키기 직전의 베이비 부머들이 있을 수 있다. 이들의 일부는 산업화 과정을 통한 사회화를 겪으면서 아파트 거주를 선택한 사람들이 대부분이다. 그런데 이들의 대부분은 아니 거의 전부는 아파트가 아닌 단독주택에서 태어났다. 태어난 곳과 유사한 곳으로의 회귀를 구체적으로 생각하는 베이비 부머들이 적지 않다는 점에서 허수가 아닌 실수요자들의 수요가 그대로 반영됐을 수 있다.

멀티 해비테이션, 땅콩주택(Duplex home)… '주거'를 생각하다

1994년을 전후한 시점에 전원주택 열풍이 불었던 적이 있다. 지금은 아니지만 당시 국토이용관리법상 상대적으로 가격도 싸고 개발이 가능한 준농림지역이 새로운 용도지역으로 만들어지면서 한때 전원주택이 제2의 주택으로 붐을 이뤘다. 물론 이후 IMF외환위기로 대중의 관심으로부터 멀어지기 전까지 그랬다. 이후 2003년 이후 몇 년 동안 두 자릿수 이상의 가격 상승기를 겪으면서 전원주택은 관심에서 멀어졌다. 그런데 변화가 생겼다. 물론 그 변화의 동인은 아파트가 제공했지만 결과적으로 내재되었던 관심은 아파트와 전원주택 사이에서 접점을 찾았다. 도시와 전원에 각각의 주택을 갖거나 아니면 대도시와 전원 사이의 도시지역에 전세금과 '같은 값'으로 단독주택으로서의 '내 집'을 가질 수 있게 되었기 때문이다. 대도시는 기반시설 및 편의시설 이용이 용이하다. 그러나 전원은 대도시의 혼잡으로부터 벗어나 여유를 얻을 수 있다. 퇴직 전까지는 대도시에 그러나 퇴직 후에는 전원에서의 거주 기간을 늘려 생활할 수 있다는 점에서 최근 멀티 해비테이션(Multi-Habitation)이 새로운 트렌드로 나타나고 있다. 멀티 해비테이션은 1가구 2주택 형태라는 점에서 주택공급과 관련해서는 새로운 '수요'로 해석될 수 있다. 새로운 수요는 새로운 시장의 창출을 의미한다는 점에서 주목할 만하다.

반면에 대도시와 전원 사이의 도시지역(택지개발지구/신도시)

에 단독주택을 보유할 수 있는 현실적인 대안도 마련됐다. 바로 '땅콩주택'이 그 주인공이다. 30, 40대와 일부 베이비 부머들에게 선호되고 있는 땅콩주택은 아파트 일변도의 주거선호 패턴을 다양화·다변화시키는 데 기여했다는 점에서 나름의 의의가 있다. 최근에는 비슷한 취미와 생각을 갖는 집단 취락형태의 동호인 주택이라고 할 수 있는 '땅콩밭'도 만들어지고 있다. 대도시를 벗어난 주택으로서의 전원주택을 선택하는 멀티 해비테이션이나 땅콩주택을 선택하는 사람들의 공통점이 있다. 이 공통점이 도심 아파트보다 전원주택을 선택한 주요 배경이기도 하다. 바로 '가격'으로서의 주택이 아닌 '생활'이 있는 주거를 생각한다는 점이다. 물론 자산 가치 상승의 기회로서의 '가격' 자체가 무의미하다는 것이 아니다. '같은 조건'일 경우 가격보다는 '주거'의 가치를 재발견할 수 있다는 점에서 도심 아파트보다는 전원주택이 갖는 의미가 보다 다의적이라고 할 수 있다. 도심 아파트와 전원주택에 대한 각각의 선호는 각 끝단에 위치해 서로 섞일 수 없는 다른 주택 유형 또는 최선과 차선으로서의 주택이 아니라 현재를 살아가는 우리 모두의 주택에 대한 고민과 모색의 과정이라고 할 수 있다. 여전히 주택은 우리의 삶을 담은 인문학이다.

07

청년층, 주거복지를 요구하다

대학생들도 요구하는 주거복지

지난해 총선과 대선을 통해 부각되고 있는 이슈는 단연 '복지'일 것이다. 따라서 '주거복지'에 대한 관심도 커지고 있다. 주거문제는 인간의 가장 기본적인 욕구이기 때문이다. 지금까지의 주거복지는 주로 저소득의 중장년층이 그 대상이 되어 왔지만 최근 1~2년 사이 청년층들의 주거복지가 크게 부각되면서 관련 정책들이 계속 쏟아져 나왔다. 대학과 비영리 재단들도 이런 사회적 분위기에 부응하여 기숙사 건립에 적극적으로 참여하고 있다. 정부는 보금자리 주택 등 공공주택의 공급이나 저리의 전세자금 지원대상에 대학생을 포함시켰다. 물론 이에 대한 부작용[18]과 비판이 있기는 하지만 정부의 대학생 주거대책은 매년 조금씩 지원규모와 정책 내용을 확대해 나가는 추세이다. 아직 만족할 만한 수준은 아니지만 반값 등록금에 이어 대학생들이 획득한 '복지'는 적지 않은 셈

---

[18] 정부의 대학생 전세임대는 당첨된 학생들에게는 좋은 혜택이지만 혜택을 받는 학생이 소수이다. 아울러 정부의 전세자금 지원으로 임차자의 지불능력을 확대시켜 주자 오히려 대학가 주변의 주택임대료가 급등하는 부작용들이 지적되고 있다.

이다. 그런데 정작 고등학교를 졸업하고 바로 취업전선에 나서는 청년들의 주거문제에 대해서는 별다른 대책이 없어 보인다. 앞으로는 젊은 시절에 주거복지 혜택을 받으려면 대학진학이 필수조건이 되어야 할까?

우리나라의 대학 진학률(2008년 기준)은 약 71%로 OECD국가들(독일 36%, 일본 48%, 영국 57%, 미국 64%)보다 높다. 따라서 청년층의 주거문제에 있어 주류는 대학생들이 될 것이다. 수적으로 많은 대학생들은 동아리나 다른 학교 학생들과의 연대를 통해 주도적으로 자신들의 주거문제의 심각성을 사회에 알리고 제도 개선을 요청하기 위한 조직력을 갖고 있다. 물론 SNS 등을 통한 여론형성도 나름 기여했을 것이다. 이처럼 적극적인 노력을 한 결과가 지금의 대학생 주거대책을 탄생시켰을 것이다. 그러나 연령적으로 비슷한 또래인 고졸 취업생들의 주거문제가 대학생들보다 덜 심각할 리 없다. 그러나 딱히 이들의 어려운 처지를 하소연할 곳은 없을 것이다. MB정부는 출범 초기부터 '마이스터 고등학교 제도의 도입', '고등학교 직업교육 선진화 방안', '위풍당당 고졸 시대 정책' 등 고졸 출신들이 사회적으로 정착할 수 있기 위한 많은 노력을 해 왔다. 9급 공무원 채용시험에 고등학교 과목을 추가하기도 하고, 공공기관 경영평가에 고졸자 채용비율을 평가항목으로 추가한 것 등은 이런 노력의 결과이기도 하다. 그러나 MB정부의 정책에도, 새롭게 출범할 박근혜 당선인의 공약 어디에도 이들의 주거문제에 대한 대책은 찾아볼 수 없다.

대학생들의 주거문제가 심각한 원인에는 단순히 이들을 위한 주택이 부족한 것보다는 대학을 졸업하고도 취업이 되지 않아 대학가 주변을 떠나지 못하고 잔류하는 졸업생들이 계속 늘어나는 데 근본적인 문제가 있다. 취업을 이유로 졸업을 미루는 요즘의 대학풍토도 대학가 주변의 주택수요 증가의 원인이 될 것이다. 매년 새로 들어오는 신입생들은 일정한데 졸업들을 제때 안 하고 졸업하고도 대학가 주변을 떠나지 못하고 있으니 주택은 당연히 부족할 수밖에 없다. 여기에 지원금을 주고 주택을 추가로 짓는다고 한들 이 문제가 해결될까? 일시적으로 문제의 심각성을 완화시킬 수는 있겠지만 근본적인 문제해결에는 도움이 되지 않을 것이다. 자칫 밑 빠진 독에 물붓는 격에 그칠 가능성이 크다.

상대적으로 소외된 고졸 취업생들의 주거복지

한편, 고등학교를 졸업하고 바로 취업전선에 나오는 경우 아직은 집안 내 경제적인 이유가 가장 클 것이라는 건 쉽게 짐작할 수 있다. 모 공영방송이 시행하고 있는 고졸 취업 프로젝트 프로그램을 보면 아직도 저렇게 가정형편이 어려운 사람들이 많구나 라는 자각과 함께, 비록 대학에 진학하지 않았지만 그 누구 못지않게 적극적인 경제활동의지를 보이는 고등학생들을 보고 감동을 받게 된다. 그러나 아직 고졸생들에게 제공되는 사무직 일자리가 많지는 않다. 그러니 이들이 본인의 주거지 근처에 취업할 수 없다는 것은 너무 명백하다. 그러므로 이들의 주거문제도 매우 절실할 것이다. 대졸에 비해 상대적으로 초임이 낮을 수밖에 없는 이들이 직장과 가깝거나 대중교통이 편리한 지역에 주거하기 위해서는 주거비 부담이 더더욱 클 것이기 때문이다.

'복지'에 대한 관심이 높아지면서 지자체마다 청년들을 위한 주거문제에 앞장서고 있다. 대선과정에서도 모든 후보들이 공통적으로 청년주거문제 해결을 내걸었다. 그러나 이들은 모두 대학생들을 대상으로 하고 있다. 세간에서는 우리나라는 고등학교가 4년제라고 한다. 그만큼 재수를 하는 학생들이 늘어나는 것을 빗대어 하는 말들이다. 고등학교에 진학상담을 다녀온 학부모라면 '답답함'과 '쓸쓸함'을 한번쯤은 경험하게 될 것이다. 우리나라의 교육현실에서 대학진학에 실패하면 그야말로 답이 없기 때문이다. 많은 학생들이 재수 삼수를 통해서 굳이 대학에 진학하려는 이유는 물론 좀 더 명문대에 진학하려는 경우도 있겠지만 대학이 아니면 대안이 없는 게 우리의 현실이기 때문은 아닐까? 사회 전반에서 복지에 대한 요구와 정책적 관심이 확대되는 이 상황에서 여전히 정책의 사각지대에 있는 고졸 취업생들의 주거 문제에 대해서도 이제는 관심을 가져야 할 것이다.

(본 내용은 2013년 5월 2쇄 때 추가됨)

VI
삶으로서의 집을 '짓다':
주거 인문학

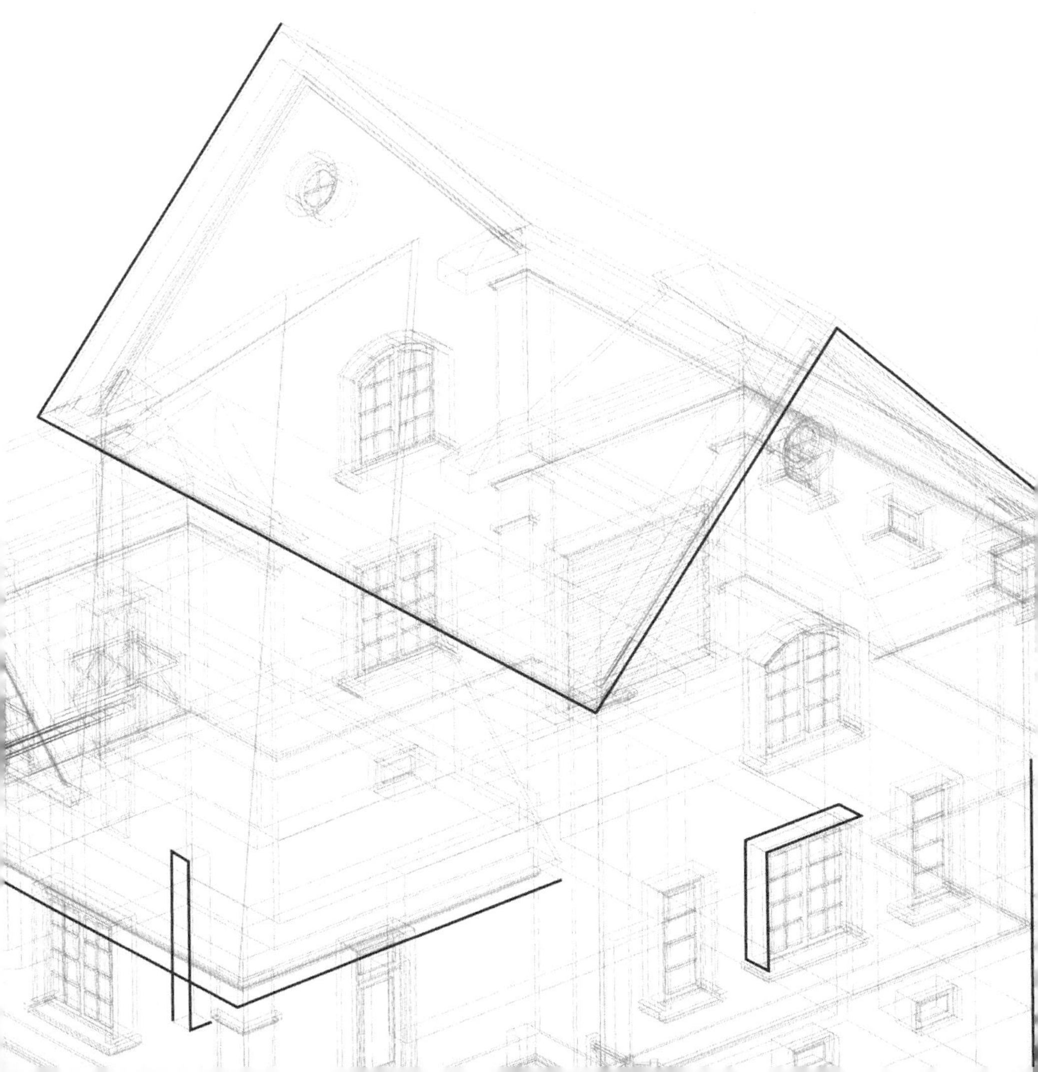

01
아파트는 가격이고 땅은 가치다

아파트는 '가격(price)'으로 얘기되는 대표적 아이콘

아파트는 여전히 유효한 '상품'이다. 주택가격이 하락하고 있다는 현재의 시장에서 가장 늦게 조정받는 것이 아파트이다. 그리고 언제 다시 오를지 몰라 실수요 및 투기적 수요자에게 선호되는 대상이기도 하다. 주택시장에서 아파트라는 상품의 포지셔닝(positioning)을 구체적으로 파악할 수 있는 사례가 있다. 바로 주택시장에서 가격상승과 하락을 얘기할 때 아파트의 매매가격을 기준으로 한다는 점에서 아파트는 동시대 우리나라 주택시장의 상황을 파악하는 '바로미터(barometer)'라고 할 수 있다. 그만큼 아파트는 가격으로 얘기되는 우리 시대 부동산 시장에서 가장 대표적인 '아이콘(icon)'이라고 할 수 있다.

2010년 현재 우리나라 주택 유형 가운데 아파트가 차지하는 비중은 58.3%이다. 과반을 넘었으니 도시 주거의 대표격이라 해도 손색이 없다. 아파트가 선호되는 이유는 다양하다. 그중 첫째가 아마 주거의 편리성일 것이다. 아파트는 관리가 용이하다. 대부분 택지개발지구(신도시) 내에 입지하기 때문에 이에 따른 편의시설 이용의 편리성, 도시생활에서 요구되는 적절한 익명성의 확보 등 장점도 많다. 주거의 편리성에 버금가는 또 다른 선호 이유는 바로 환금성·수익성 등의 가격경쟁력에 있다. 아파트만큼 사두면 올랐던 부동산 상품이 없다. 모든 사람들이 필요한 주택의 으뜸으로 뽑은 이유이기도 하다. '10년 주기설', '부동산 불패론'의 앞에 아파트가 있다. 그런데 최근 아파트 가격이 조정받고 있다. 특히, 서울·수도권이 하향세가 뚜렷하다. 최근 그리스발 국제 경제의 불확실성의 확대와 이에 따른 내수부진은 어떻든 아파트로 대변되는 주택가격의 조정국면의 방향성을 보다 확실하게 보여주고 있다. 대세하락은 아니지만 조정받고 있는 것은 분명하며, 이것이 전환기 우리나라 주택시장의 사이클과 어떻게 맞물릴 것인가에 대해 주변의 관심이 쏠려 있다.

단독주택, 토지 '가치(value)'의 새로운 발견?

최근 양산시 물금 택지개발지구 내 상가점포가 딸린 단독주택용지에 대한 청약 결과 2,136대 1의 경쟁률을 보였다. '부산발 훈풍'이라는 부산·경남지역의 신규 아파트 청약 경쟁률 평균 몇 백대 일 보다 높다. 이것은 지금까지 유효한 '재테크 투자'로 인식되던 아파트 선호 일변도에서 단독주택 또는 단독주택용지에 대한 선호를 반영했다는 측면에서 몇 가지 의미 있는 시사점을 제공한다.

첫째, 수익형 부동산에 대한 관심의 증대이다. 아파트 가격이 조정받으면서 느끼는 소비자들의 불안감은 이런 것이다. 언젠가는 아파트 가격이 떨어질 것이라는 점이다. 이것은 시세차익(capital gain)보다는 운용수익(income gain)에 대한 관심의 증대로 연결된다. 더 이상의 보유는 의미가 없어지는 셈이다. 왜냐하면 보유를 통해 얻는 수익이 보장되지 않는다는 뜻이기 때문이다. 이런 이유로 거주 공간 이외 아파트의 장기 보유보다는 거주를 해결하면서 동시에 월세 등을 얻을 수 있는 점포형 단독주택용지에 대한 관심이 증대되는 것이다. 이러한 현상은 단독필지의 판매량을 통해서도 확인된다. 한국토지주택공사(LH)가 집계한 자료에 따르면, 2011년 작년 한 해 동안 전국의 택지지구 등에서 판매한 단독주택용지 판매량은 6,833필지로 2010년보다 21% 증가한 것으로 나타났다. LH의 단독주택용지 판매량은 2008년 2,884필지에 불과했지만, 2009년에는 5,203건, 2010년에는 5,644건으로 지속적인 증가세를 보이고 있는 것으로 나타났다. 단독주택에 대한 규제완화도 한몫했다. 2011년 정부는 5·1부동산 대책을 발표하면서 주거전용용지는 과거 '2층 2가구'만 지을 수 있던 것을 '2층 5가구'까지 지을 수 있도록 했다. 또한 점포겸용용지도 '3층 5가구'에서 '4층 7가구'로 관련 규제를 완화했다. 이러한 규제완화로 인해 그만큼 수익성이 확대된 것이다. 분명한 메리트라고 할 수 있다.

둘째, 베이비 부머의 단독에 대한 선호이다. 베이비 부머로 분류되는 우리 국민 가운데 약 14%(720만 명)는 대부분 단독주택에서 태어났다. 그것도 최근의 멋진 서양식 양옥이라기보다는 허름한 단독주택에서다. 그런 경험이 단독주택에 대한 회귀본능을 자극한다. 태어난 곳, 성장했던 곳, 가족과의 추억, 주거가 있었던 곳에 대한 아련한 기억이 그곳으로 다시 돌아가고 싶다는 신경전달물질을 활성화시킨다. 물론, 서울에서 수도권으로 수도권에서 조금 더 외곽으로 나와 단독주택을 선택할 경우 아파트에 비해 상대적으로 저렴하다는 측면도 작용한다. 여기에는 새로운 투자로서의 가능성을 단독주택에서 발견하는 까닭도 중첩된다. 경제 원리를 배제한 선택이란 현실적으로 어렵기 때문이다.

셋째, 가치 지향적 선택이다. 경제 용어 가운데 '효용'이라는 것이 있다. 효용(utility)이란 '소비자가 어떤 상품을 소비해 얻는 만족감'이다. 주거 상품 가운데 아파트가 이런 효용에 적합한 상품이었던 셈이다. 그런데 최근 아파트 가격의 조정은 이런 효용으로서의 만족감이 이전과 같이 동일하게 충족되지 않을 수도 있음을 보여준다. 효용이 떨어진다는 의미다. 그런 이유로 아파트는 '가격(price)'이다. 아파트의 가치는 대세 상승기 가격의 오를 때의 '시장 가격'이었다면 단독은 저성장시대의 주거, 추억, 삶, 수익형 부동산으로서의 '가치(value)'라고 할 수 있다. 지금까지의 부동산 시장의 선택기준이 가격이었다면 앞으로의 선택기준은 분명하다. 바로 '가치'다.

02
'내 집'과 영화 '건축학개론'

베이비 부머의 단독주택 선호와 다운사이징(down sizing)

베이비 부머들 대부분은 단독주택에서 태어났다. 그래서 이들은 단독주택을 선호한다. 다만, 선호와 선택 간의 현실적인 괴리로 인해 은퇴 이후 주택유형을 선택하는 데 어려움을 겪고 있다. 그러나 일부는 거주 주택을 처분하고 단독주택 거주를 감행하거나 거주 주택의 규모를 줄여 일부를 오피스텔 등의 수익형 부동산에 재투자하는 등의 다운 사이징을 통해 단독주택 거주를 실현시키고 있다.

땅콩주택, 살구나무집. 단독필지 하나에 두 개의 주택이 땅콩처럼 붙어 있어서, 그리고 두 개의 단독주택 사이에 살구나무가 있어서 그렇게 네이밍된 두 주택은 책이나 언론을 통해 많이 소개된 바 있다. 이들 주택은 단독주택이라는 공통점을 갖는다. 또한 남이 지어준 것이 아니라, 내가 지어 내가 사는 '내 집'이라는 또 다른 공통점이 있다(물론 일부 설계와 시공은 전문 업체에서 진행했다). 도심에서의 전세보다 도심 외곽의 택지개발지구에 '내 집'을, 그리고 아파트 거주에서 단독주택에서의 주거를 선택한 것이다. 또한 전원풍의 주택으로 작품처럼 부각되는 단독이 아니라 우선 본인의 보유한 예산에 부합하는 보통 수준의 건축비로 지은 건실하고 품격 있으면서 동네풍경과 어울리는 집이라는 공통점은 이들 주택의 미덕이다.

많은 베이비 부머들이 이와 유사한 선택을 놓고 고민하고 있다. 우리나라 전체 인구 가운데 720만 명(14%)인 베이비 부머의 기억, 또는 추억의 '복기'가 새로운 소비 트렌드를 만든다. '세시봉'이 그렇고, 얼마 전 모 TV 방송국의 스페셜 쇼를 통해 본 '이장희'가 그렇다. 본인들이 태어난, 그래서 이전과는 다른 형태의 주택이지만 본인들이 마지막으로 살고 싶은 주택은 '단독주택'이다. 이런 이유로 주택연금도 예외 없을 것으로 예상된다. 앞으로는 무엇이 또 그럴까? 그것은 바로 베이비 부머가 '무엇을 기억하고 있는가?'로부터 비롯된다. 사람은 이상하게도 나이가 들수록 자신이 기억하는 이전의 과거로 '퇴행'한다. 베이비 부머는 지금 이전의 추억이 남아 있는 과거로 기억이 '퇴행(?)'하고 있다. 본인들의 경험을 통해 습득한 지식을 본인들의 미래를 위한 방법론 모색에 적용하고 있다.

'내 집'과의 연관성, 영화 〈건축학개론〉

최근 개봉된 영화 '건축학개론'은 '짝사랑'과 90년대를 배경으로 복고풍의 소품으로 인해 '보는 재미'가 있다는 평가를 받고 있다. 영화의 소재가 '짝사랑'이라는 점에서 제목인 '건축학개론'은 어찌 보면 하나의 장치에 불과하다. 그런데 등장하는 배우의 직업이 건축가라는 것과 상대 여배우가 '살 집'을 건축가인 남자 배우에게 클라이언트로서 의뢰하게 되면서 짝사랑을 소재로 한 이 영화는 자연스럽게 '집'과의 연관성 내지는 '집'에 대한 사람의 기억을 건드린다. 짝사랑이라는 것이 결국 '마음의 집'에 누군가를 담는 것이라는 점에서 건축되는 건물로서의 '집'이 짝사랑과 다름없음을 영화 내내 묵시적으로, 암시적으로 보여준다.

건축가(남자)를 좋아했던 여자는 남자에게 제주도 어느 곳, 기존 주택이 있던 자리에 '살 집'을 지어줄 것을 부탁한다. 건축가는 기존 주택을 헐고 새로운 주택을 신축하는 것을 전제로 몇 가지 평면을 제안한다. 그러나 여자는 어려운 건축 용어만큼이나 새롭게 디자인된 평면에 관심을 갖지 못한다. 현장 답사를 겸해 들른 어느 날, 기존 주택에 남아 있는 여자의 기억과 추억을 발견한다. 자라는 하루가 다르게 어린이의 키를 쟀던 빨간 벽돌 위 낙서와, 아버지가 만든, 시멘트가 굳기도 전에 여섯 살 아이의 발자국이 선명히 찍힌 초라하고 조그만 시멘트 어항이 바로 그것이다. 결국 건축가는 신축이 아니라 기존 주택을 리모델링하기로 한다.

다 허물고 새로 짓는 것이 아니라 기억과 추억이 아직도 남아 있는 현재의 공간을 살리면서 불편한 공간을 손보기로 한다. 기존의 기억이 남은 현장은 그래도 두되 바다 쪽으로의 시원한 조망을 위해 슬라이딩 창문을 설치하고 더 멀리의 바닷가를 볼 수 있도록 기존 단층 주택의 지붕으로 이어지는 지붕 위 잔디 올레길(?)을 디자인한다. 건축가인 남자는 여자의 과거(아버지와 가족과의 기억)를 통해 현재를 살며 미래를 꿈꿀 수 있는, 나무를 심는 것과 같이 기억이, 추억이 함께 자라는 '집'을 만들어 준 것이다.

남자의 집, 아직 건축가가 되기 이전의 대학생이었던 시절의 남자의 집은 강북하고도 정릉의 단독주택이다. '게스(GUESS)' 짝퉁인 'GEUSS' 티셔츠를 벗어 던지고는 호기롭게 걷어찬 문짝이 20여 년의 세월을 통해 녹이 슨 그 집은 여전히 그의 어머니가 살고 있는 어머니의 '집'이자 자신의 발길질을 기억하고 있는 '찢어진 녹슨 대문'이 있는 집으로 남아 있다. 현재도 남아 있는 찢어진 녹슨 대문은 남자의 추억하고 싶지 않은 과거의 한 장면이지만 현재의 그리고 미래의 집에 대한, 집을 위한 건축, 사람을 위한 집에 대한 건축가로서의 철학을 보여주는 단면이기도 하다.

'첫눈'이 오면 한옥 빈집에서 보기로 약속한다. 약속은 이루어지지 못했지만, 누군가에게로 향한, 누군가를 담고 있는 마음의 집처럼 그 집은 두 사람의 서로에게 향한 마음 그 자체로서의 '집'이다. '집'이 아니라 두 사람 각자의 '마음'이었던 셈이다. 마루 안쪽에서 CD와 CD 플레이어를 놓고 가는 여자를 보는 시선은 남자는 볼 수 없었지만, 언젠가 그곳에 남자가 들렀음을 암시하는 것처럼 대문을 향해 있다. 한옥은 닫혀 있는 듯, 밖으로 향한다.

주택이 아닌 주거에 대한 선호와 주택정책의 방향

베이비 부머뿐 아니라 보다 많은 사람들이 주택이 아닌 주거를 생각하고 있다. 왜냐하면 주택이라는 것이 단순히 환금성 차원의 투자재가 아니라 삶의 일부, 가족의 기억이 있는 '장소'라는 것을 의심하지 않기 때문이다. 그리고 다소 늦었지만 그러한 선택과 결정을 언제 할 것이냐를 두고 고민하고 있다. 더 이상 주택가격이 이전과 같이 오르지 않을 것이며 따라서 '로또'가 되지 못한다는 인식이 보편적으로 받아들여지고 있기 때문이다. 그런 이유로 살고 싶은 집을 선택해야 한다. '살고 싶은 집을 선택하지 않으면, 살고 싶은 대로 살 수 없다.' 이러한 주거선호에 대한 의식 변화에 향후 주택정책의 방향이 '숨은 그림'처럼 감춰져 있기도 하다.

03
법정 스님으로부터 배우는 '무소유' 주거관

법정 스님이 입적한 지도 3년여가 지났다. 그럼에도 그분을, 그분의 말씀을 기리는 사람들은 여전히 많다. 스님의 입적은 단순히 수도자 한 분의 귀천 그 이상이었기 때문이다. 그분의 인품은 그만큼 남달랐다. 많은 사람들은 흉내도 못 내는 '사유'를 실천하신 분이기에 그런 분을 잃었다는 자괴감이 많은 사람들에게 깊은 아쉬움으로 남은 듯하다. 본인의 말대로 '없는 존재로 와서 없이 갈 수 있음'을 스스로 보여준 성인(聖人)이다.

법정 스님의 철학적 아포리즘(aphorism)은 역시 '무소유'다. 스님이 말하는 무소유란 '아무것도 갖지 않는 것이 아니라 불필요한 것을 갖지 않는다는 뜻'이다. 스님의 입적 이후 회자되는 그분의 높은 정신세계와 관련된 이야기에서는 다소 비켜 있지만, 스님에게 주거관이 있었다면 무엇이었을까? 하는 세속적인 물음이 생겼다. 그것은 스님이 홀로 계시며 수양한 시간이 많았던 만큼 주변 환경으로서의 '거처'에 대한 궁금증과 맞닿아 있기도 하다.

스님은 1932년 10월 8일, 전남 해남군 문내면 선두리에서 출생하신 이후 1954년 통영 미래사에서 효봉 선사를 은사로 입산 출가했다. 속세에서 떠나 입산 출가하셨으니 그 이후 거처는 당연히 절에 속했다. 따라서 별도의 집이 있을 수 없다. 그럼에도 본인만이 거처한 곳이 있으니 속세적인 표현으로 스님의 집이라 칭할 두 곳이 있다.

1954년 출가 이후 1975년 10월 인혁당 재건위 사건의 충격으로 본인만의 거처로 정하고 들어간 곳이 송광사 불일암(佛日庵)이다. 이곳에서 스님은 17년을 머무시며 대표 저서인 『무소유』(1976년)를 출간한다. 무소유가 알려지고 사람들의 관심이 커지자 유명세를 떨치기 위해 강원 평창군 오대산 자락의 일명 쓰레기골 산골 오두막으로 거처(居處)를 옮긴다. 그때가 1992년이다. 그리고 그곳에서 돌아가실 때까지 사셨다. 병환으로 제주에 잠시 내려가 계시다가 병원으로 옮겨가시기 전까지니 이곳에서도 꼭 17~18년을 사셨다. 1995년 요정으로 쓰던 대원각을 시주받아 길상사라는 이름으로 본인이 창건했지만 법정은 단 하룻밤도 길상사에서 지낸 적이 없다. 법회 등을 마친 후에도 항상 자신의 거처로 돌아갔다.

법정 스님의 주거관을 엿볼 수 있는 대목이 조선시대 장혼이라는 선비의 '맑은 복 여덟 가지'에 빗댄 본인의 몸담고 살아가는 환경에 대해 언급한 부분이다(장혼은 250년 전 조선시대 선비로 당시로도 작은 돈 5백 냥으로 인왕산 아래 옥류동 골짜기에 허름한 집 한 채를 마련한 것을 두고 '평생의 소망(平生志)'을 이루었다고 기뻐했다고 한다). 법정 스님은 바로 산골 오두막에서 그런 값진 소망들을 얻을 수 있었다고 고백한다. 첫째, 말벗이 될 수 있는 몇 권의 책, 둘째, 입이 출출하거나 무료해지려고 할 때 개울물 길어다 마시는 차, 셋째, 혼자 사는 사람의 신경질을 부드럽게 순화시켜주는 건전지를 사용하는 라디오, 넷째, 일손을 부릴 수 있는 채소밭. 책과 차와 음악과 채소밭이 스님의 삶을 녹슬지 않게 받쳐주고 있다는 사실을 고마워하신 분이다. 사소하지만 중요한 일상이 있는 거처를 원하셨고 그런 곳에 머물다 가셨다.

스님에게 강원도 오두막은 그런 측면에서 완벽한 '거처'였다. 해우소(화장실)에도 '기도하라'는 푯말을 붙이셨으니 스님의 원칙은 분명하셨던 듯싶다. 스님은 세수 78세를 사셨다. 우리나라 평균 수명이 79.1세라는 점에서 입적하시는 순간까지 성불을 위해 애쓰셨던 스님의 성정을 알 수 있다. 우리가 스님처럼 살지 못 한다고 하더라도 주택은 '삶을 담는 그릇'이어야 한다. 최소한 우리의 1960, 70년대 작은 도시형 단독주택처럼 '가족애'를 느낄 수 있는 곳이어야 한다. 스님의 입적 후 '배려'가 있었던 그곳이 문득 그리운 것은 나이 탓만은 아닐 듯싶다.

(본 내용은 2013년 5월 2쇄 때 추가됨)

04
단독주택을 생각하다

아파트 공화국에서 단독주택의 가치

서울시의 주택 유형 가운데 아파트가 차지하는 비중은 2008년 현재 56%에 달한다. 2010년 현재 전체 주택 가운데 아파트 비중은 전국적으로 55% 수준이다. 해마다 새로 짓는 주택 가운데 아파트가 80%를 차지한다. 이에 따라 앞으로 5년 내에 아파트 비중이 전체 주택의 80%에 달할 것이라는 전망도 나오고 있다. 말 그대로 '아파트 공화국(Apt Republic)'인 셈이다. 아니 여기에는 산업·도시화 시기를 거치면서 경험한 가격 상승을 통한 자본이득(capital gain), 자산 증가라는 고성장시대 '부동산 공화국(Real Estate Republic)'의 심리적 기재가 아파트 선호로 작용한 측면이 크다고 할 수 있다.

그런데 최근 이러한 선호에 작지만 변화의 조짐이 보인다. 아직은 맞추기 어려운 퍼즐이다. 퍼즐의 하나, 우리나라 주택가격을 견인해 왔던 그리고 현재 아파트를 가장 많이 보유하고 있거나 거주하고 있는 베이비 부머들의 퇴직이 시작된다. 둘, 글로벌 경제위기 등 외부 경제의 여건 변화에 기인하지만 지역별·규모별 아파트 가격이 이전과는 다르게 변화되고 있다는 정황이 감지된다. 이유나 방향이 어찌됐든 이전과 같은 믿음은 깨졌다. 셋, 이런 이유로 이제까지 '자산의 확대'라는 측면에서 아무 '고민 없이 선택'해 왔던 아파트가 퇴직 후 '자산관리' 측면에서 그리고 넷, 퇴직 이후 살고 싶은 집으로서의 '주거'와 연관되면서 아파트 이외의 주택에 대한 생각이 커지고 있다.

아파트에서 고개를 돌리면 거기에 '단독주택'이 있다. '자산'가치로서의 아파트에 대한 생각이 '삶을 담는 주거'로 천천히 바뀌면서 베이비 부머들에게는 가족의 기억과 추억이 어린 단독주택이 떠오른다. 이제야 '나'를 되돌아본다. 단독에 아파트의 편리성를 더하는 융합(convergence)은 어쩌면 당연한 방향이다. 아직 뚜렷한 사업성이 확보되지 않은 상태에서 단독주택 광고가 아파트 브랜드 광고 사이에 숨어 있는 것도 같은 맥락이다. 단독주택은 희소성이다. 가격이 높은 많은 상품들은 바로 희소성의 원칙에 기인한다. 여전히 아파트에 쏠린 관심은 크지만 많은 사람들이 단독주택을 생각한다. 조용하지만 큰 관심 역시 언젠가는 '가격'이 매겨진다. 지금은 '가치'가 변하고 있는 '전환기 시장'이다.

단독주택으로서의 땅콩주택의 의미

단독주택은 아파트에 비해 관리가 쉽지 않다. 잔디를 깐 앞마당이 있는 그림 같은 집은 그야말로 생각 속의, 상상 속에서나 꿈꿀 수 있는 집이라고 생각했다. 그런데 최근 그런 상상을 현실로 옮기는 사람들이 늘고 있다. 그리고 마냥 '저 푸른 초원 위의 집'이 아니다. 구체적이다. 그 중심에 '땅콩주택(duplex home)'이 있다. 땅콩주택은 택지개발지구 내 단독필지에 지어졌다. 그래서 학교, 공공기관 등 도시 기반시설이 인접해 있다. 도시지역에 있으니 텃밭 등이 딸린 전원주택과도 구별된다. 서울 등 대도시 아파트 전세살이를 면하면서 꿈꿔 오던 '내 집'을 단독주택으로 가질 수 있는 점이 미덕인 집이다. 여전히 아파트에 대한 투자가치가 강조되고 있음에도 한쪽에서 조용하지만 구체적인 선호(preference)에 의해 형성되고 있는 단독주택에 대한 이 같은 관심의 증대는 우리나라 주택시장에 어떤 의미와 시사점을 주고 있을까?

인구주택총조사에 따르면 1985년만 하더라도 단독주택은 전체 재고주택의 77.3%를 차지해 가장 대표적인 주거유형이었다. 그러나 66%(1990년), 47.1%(1995년)로 줄어 2005년 현재 31.9%를 보이고 있다. 반면에 아파트는 1985년 13.5%에 불과했던 것이 22.7%(1990년), 37.5%(1995년)로 늘어나 2005년 현재 53.7%를 보여 가장 보편적이며 대표적인 도시 주거유형으로 자리 잡았다. 이것은 재테크를 통한 '내 집' 마련에 있어서도 아파트가 다른 주택유형에 비해 월등히 선호된다는 점에서 더욱 그렇다. 아파트는 가격이 오를 때 많이 오르고 떨어지더라도 적게 떨어지는 그야말로 '환금성'이 가장 높은 주택유형이기 때문이다. 이런 이유로 아파트에 대한 관심은 앞으로도 지속될 것으로 보인다. 아파트를 통한 자산가치의 증식에 대해 여전히 많은 사람들이 기대 이상의 가치를 실현시켜줄 것을 믿어 의심치 않기 때문이다.

그런데 느닷없이 단독주택으로서의 땅콩주택에 관심이 쏠리는 이유는 무엇 때문일까? 그 답은 우리사회의 인구변화에 기인한다. 바로 베이비 부머(1955～1963년생)의 퇴직과 맞물려 있다. 베이비 부머들은 대부분 단독주택에서 태어났다. 그리고 열심히 일해 모은 돈으로 아파트를 샀고 아파트를 통해 돈을 불렸다. 그런데 막상 퇴직 후의 주거를 생각하게 되면서 자연스럽게 '마지막 주거'를 고민하게 되었고 자연스럽게 본인들이 태어난 단독주택으로의 회귀를 생각하는 사람들이 많아졌다. 그렇다고 베이비 부머들만이 단독주택을 좋아하는 것이 아니다. 아파트에서 태어났고 아파트의 편리성을 누구보다 잘 알고 있는 최근 결혼한 신혼부부나 수도권에서 아파트에 전세를 살고 있는 어린아이를 둔 부모세대 역시 아파트를 원하지만, 너무 올라버린 아파트 가격으로 인해 '내집'을 꿈꾸기가 현실적으로 어렵다. 그럴 바에야 아파트보다는 인간적인 척도(human scale)로서의 '주거'를 단독주택에서 시작하고자 하는 현실적인 선택들이 늘어나면서 보다 강한 탄력을 받고 있다. 땅콩주택을 지을 수 있는 단독택지는 수도권 택지개발지구(신도시)를 통해 공급된다. 서울 강남에 국민주택 규모의 아파트를 소유하고 있다면 수도권 내 단독필지와 건축비를 충당한다는 것이 현실적으로 전혀 어려운 일이 아니다. 그만큼 상대적으로 강남의 아파트의 자산가치가 높기 때문이다. 여기에 신축하게 되는 단독주택을 너무 고급스럽게 건축하지 않는다면 인테리어를 할 수 있는 여윳돈도 강남 아파트를 처분한 돈으로 충분히 충당 가능하다. 그런데 서울의 전세금으로도 가능한 방법이 있다. 바로 이러한 점에서 땅콩주택이 주목받는 이유인 탓도 있지만, 한 필지(226㎡)에 두 개의 주택을 합벽 형태의 타운하우스로 건축하는 것이 가능하기 때문이다. 두 채의 집을 짓는데 7억 3,350만 원이 소요됐다. 한 채당 4억이 채 안 든 셈이다.

땅콩주택을 위시한 단독주택의 인기 때문인지 2012년 들어 LH가 신규 분양한 단독주택용지 중 수도권인 남양주진접지구(1필지)와 안양관양지구(1필지)는 청약 경쟁률이 각각 22대 1, 24대 1을 기록했다. 66개 필지를 공급한 경남혁신지구는 2,508명이 신청해 평균 경쟁률이 38대 1에 달했다. 여기에 주택시장 안정화를 꾀할 목적으로 마련된 '5·1 대책' 가운데 단독주택용지에 대한 기존 제도의 완화는 제한적이지만 단독주택용지에 대한 수요를 촉진시켰다. 정부는 택지지구의 단독주택용지에 짓는 건물에 대해 층수 및 가구 수 제한을 완화했기 때문이다. '블록형 단독주택용지'(단독주택을 지을 수 있는 필지를 블록 단위로 공급하는 용지)의 경우 기존엔 2층까지 지을 수 있던 것을 3층으로 완화했고, 점포 겸용 단독주택은 3층에서 4층으로 높였다. 또 블록형 단독주택과 점포 겸용 단독주택은 각각 한 필지당 1가구, 3~5가구로 입주 가구 수가 제한됐었지만, 이 규제도 풀렸다. 땅콩주택은 아니더라도 단독주택이면서 수익형 부동산으로 일부를 활용할 수 있는 장점이 베이비 부머들로 하여금 다시 단독주택을 되돌아볼 수 있게 만든 것이다.

주택은 가격이라는 등식을 삶이 있는 주거로서의 주택으로 바꾸는 데 '땅콩주택'은 일조했다. 주택에 대한 의식변화라는 측면에서 하나의 이정표를 남겼다. 단독주택이지만 아파트보다 훨씬 저렴하고 따라서 지불 가능한 '어포더블 하우징(affordable housing)'으로서의 가능성을 보여주었다. 최근 '땅콩주택'이 따로 또 같이 모여 '땅콩밭'19)으로 진화되고 있다. 주택에 대한 조금은 새로운 생각, 그리고 다른 접근이 있을 수 있음을 보여준 땅콩주택의 진화에 더 큰 관심을 갖게 되는 이유다.

---

19) 땅콩집(cafe.naver.com/yppeanutown)으로 큰 화제를 모았던 땅콩집 건축은 최근 한강이 보이는 양평군 개군산 아래 9,527㎡(약 2,880평) 이른바 '땅콩밭'이라는 별칭으로 총 5가지 타입의 국민단독주택을 건축했다. 유명 건축가가 각기 다른 타입의 단독주택을 설계했다. 땅콩주택으로 관심을 모은 바 있는 이현욱 소장의 '건축가 이현욱의 좋은 집 만들기' 카페(http://cafe.naver.com/duplexhome) 역시 성황리에 운영 중이다.

05
'내 집'을 짓는 사람들

집을 '사다' vs. 집을 '짓다'

집은 아파트다. 따라서 집을 사야 할 때의 고민은 '어느 지역에 위치한 어느 아파트'인가이지 어떤 유형, 즉 아파트냐 아니냐는 고민의 대상이 아니었다. 왜냐하면 당연히 거주하기에도 편리하면서 집값도 오르는 아파트를 선택하는 데 주저할 이유가 없었기 때문이다. 그런데 최근에는 바뀌고 있다. 집을 사기보다는 집을 짓는 사람들이 늘고 있다. 또한 짓게 되는 대부분의 주택은 당연히 아파트가 아니라 단독주택이다.

집을 사는 것은 집이 갖는 '거주'라는 고유의 기능뿐만 아니라 집을 통한 재테크 수단이 포함된다. 샀다가 시세차익을 챙겨 다시 파는 개념이 포함된 얘기다. 반면에 집을 짓는 다른 것은 평생 살 집, 시세차익보다는 '거주'의 개념이 강조된 선택이라는 점에서 집을 '사는 것'과 '짓는 것'에는 집을 매개로한 우리만의 사회학적 판단과 평가가 불가피하게 따른다.

『아파트와 바꾼 집』[20]의 저자들은 그런 의미에서 집을 '짓는' 쪽에 속한다. 이 책에 대해 세간의 관심이 집중된 몇 가지 이유는 이렇다. 첫째, 주거의 대상이 아파트가 아니고 단독주택이었다는 점이고, 둘째는 건축가에게 의뢰해 설계되었지만 본인들이 거주할 집의 입지와 형태, 평면 등을 최대한 반영해 지었다는 점이다. 셋째, 역설적이게도 단독주택을 선택한, 단독주택에 거주하게 된 '아파트 전문가'들이라는 점이다.

'아파트 전문가 교수 둘이 살구나무집 지은 이야기'라는 부제만큼이나 아파트 전문가를 자처하는 현직 교수들의 단독주택 집 짓기였다는 점에서 주목받았다. 따라서 '집 짓기 이야기'이면서도 다른 집 짓기 책과 다른 점을 이렇게 설명하고 있다.

> '아파트는 나쁜 집이고 마당이 딸린 단독주택이야말로 이상적인 집이라는 순진한 이분법을 말하려는 것이 아니다. 나쁜 집이 온 도시를 덮고 있는 현실은 이 땅의 집 짓기가 무언가를 빠뜨리고 있기 때문이라는 생각, 정작 고쳐야 할 것은 아파트보다는 단독주택이 먼저라는 생각, 아파트 탈출을 실현시켜 줄 집 짓기가 늘어야 한다는 생각…. 이런저런 생각들을 집짓는 동안 스스로 확인하고 실천하고 싶었다'(박철수·박인석(2011), 『아파트와 바꾼 집』, p.8)

어쩌면 이 책은 건축가 이현욱과 <한겨레신문> 구본준 기자가 '땅콩집' 지은 얘기를 책으로 꾸린 『두 남자의 집 짓기―땅부터 인테리어까지 3억으로』에 이어 단독주택 집 짓기에 대한 사회적

---

20) 박철수·박인석(2011), 『아파트와 바꾼 집』, 동녘

관심의 반영인 셈이기도 하다. 땅콩주택을 다룬 앞의 책이 서울에서 전셋값 수준으로 수도권에 단독주택을 마련한 얘기라면 『아파트와 바꾼 집』은 그야말로 '중산층의 단독주택 집 짓기'처럼 아파트 한 채로 단독주택 마련하기를 보여준 것이라 할 수 있다.

그럼에도 비싸지 않은 집, 냉난방비 걱정 없이 따뜻한 겨울과 시원한 여름을 보낼 수 있는 집, 솜씨 있고 진지한 건축가가 설계한 품격 있는 집, 동네 풍경에 보탬이 되는 집. 그런 의미의 '좋은 집' 짓기를 모토로 했다는 점에서 내 집을 짓고자 하는 사람들에게 일독을 권하고 싶은 책이다.

그렇다고 집 짓기를 위한, 집 짓기에 대한 환상적인 미사여구로 채워진 책이라고 생각하면 안 된다. 아파트의 편리함을 포기해야 하는 고민에서부터 단독주택을 선택한 것에 대한 합리적인(?) 명분으로서의 자기 각오와 살기 '좋은 집'을 그리면서 겪게 되는 내가 살았던 집에 대한 기억과 집터 찾기에서부터 예산 맞추기까지의 고민 또한 고스란히 담겨 있다. 단독주택을 선택함에 따라 '얻는 것과 잃은 것' 그리고 건축 전문가로서의 고민과 집 짓기 경험을 통해 체득한 내용을 집 짓기의 사회학·경제학·실용학 등의 꼭지를 통해 엮어 놓고 있다. 저자들의 '좋은 집'에 대한 고민의 결과를 에필로그를 통해 엿볼 수 있다.

'좋은 집', '아파트와 바꾼 집'이 갖는 의미는 여기에 있다. 허술한 다가구주택과 고급단독주택으로 양극화된 단독주택 집 짓기

의 현실, 너무 허술하지도 화려하지도 않은 보통 집을 찾는 사
람들에게 아파트단지 외에는 선택의 여지가 없는 주택시장, 경
쟁 상대 없는 안정적 수요층을 기반으로 다른 삶의 방식을 포용
하는 데에 무심한 아파트 단지, 그 아파트단지가 전국을 덮고
있는 아파트공화국. ≪아파트와 바꾼 집≫은 이 강고한 공화국
의 틈새요, 균열이다. 아파트와 경쟁함으로써 아파트를 좋은 집
으로 바꾸어 내려는 희망이다. 아파트 문제는 좋은 집으로 풀어
야 한다.(박철수・박인석(2011), 『아파트와 바꾼 집』, p.276)

아파트공화국에 틈새와 균열을 만들고 이를 통해 '좋은 집'에
대한 반성과 성찰의 저변을 확대하고자 하려는 사람들이 '내 집
짓기'를 통해 늘었으면 한다. 비록 그러한 '내 집'이 결과적으로
아파트여도 상관없다. 아파트의 대안적 주거형식으로서의 상대는
단독주택이지만, 아파트와의 진정한 경쟁 상대는 단독주택의 장
점을 겸비한 또 다른 아파트 일 수 있기 때문이다.

06

집을 '짓는' 사람들

집을 '짓는' 사람과 '건축' 그리고 다시 '집'

자신이 살 집을 짓는다고 자신이 설계를 하지는 않는다. 즉, 자신의 집을 자신이 짓는다고 하는 것은 다른 사람의 도움을 받아 집을 건축하는 것을 의미하기 때문이다. 물론 본인이 건축가이면서 본인의 집을 짓는다면 예외일 수 있다.

집을 짓고자 하는 사람들이 많아질수록 당연히 건축가의 역할 또한 커진다. 집을 짓는다는 것은 단순히 집을 설계하는 것만을 의미하지 않는다. 내 집을 짓는 사람(건축주)에게나 그 사람이 살 집을 설계해주는 사람(건축가)이거나 상관없이 집은 추억을, 생각을 '짓는' 과정이자 그 총체로서의 결과물이다.

집을 '짓는' 것은 '건축'한다는 말이다. 건축이 그러하다. '건축이라는 가능성'에 대해 안도 다다오의 책 『건축을 꿈꾸다』 서문에서 김광현 교수는 이렇게 쓰고 있다.

우리는 모여 살기 위해 건물을 지어 도시를 만든다. 그래서 건축은 사회를 짓는 것이라고들 한다. 건축은 그저 돌과 콘크리트로 아름답게 만들면 되는 단순한 구조물이 아니다. 이러한 생각을 뛰어넘어 인간에게 실존적인 터를 만들어주고 공동체를 엮어 주며 역사와 풍토를 담아낸다. 인간이 만드는 것들 가운데 건축처럼 여러 가능성을 사회로 되돌려 주는 것은 없을 것이다. 그런 까닭에 나는 '건축이라는 가능성'이라는 주제에 집중하고 있다. 건축을 만든다는 것은 살아가고 있음을 표현하는 것이며, 자기의 존재를 증명하는 것이다.(안도 다다오(2012), 『건축을 꿈꾸다』에서 김광현 감수 서문 가운데 일부)

위의 내용에서 '건축'이라는 단어 대신에 '집'이라는 단어를 넣어 읽으면 그대로 '집의 가능성'이 된다. 아니나 다를까 안도 다다오 역시 건축의 원점으로서 '살림집'을 얘기한다.

건축의 시작점은 살림집에 있다고 생각한다. 인간의 가장 근원적 욕구에서 생겨난 살림집은 거기에 사는 사람들의 생활상은 물론이고 기후와 풍토를 고스란히 드러낸다. (중략) 건축을 시작한 뒤 지금까지도 '살림집'이란 주제는 늘 나에게 사고의 중심이었고, 앞으로도 계속 그럴 것이다. 살림집이야말로 내 건축의 원점이다.(안도 다다오(2012), 『건축을 꿈꾸다』, p.15)

그렇게 시작된 건축의 원점으로서의 살림집이란 다름 아닌 '집'이다. 사람이 집을 짓고 산다는 것의 의미를 되묻는 데서 출발한 20대 초반의 청년 안도 다다오는 바로 '집'에 대한 질문을 키우며 그 관심을 마을로 광장으로 도시로 확대시킨다.

건축은 마음을 품은 '집'인 셈이다. 한겨레신문 기자인 구본준 기자가 최근 펴낸 책 『구본준의 마음으로 품은 집』에서 건축된 '집'은 이야기를 통해 우리 자신의 마음을 보여준다고 언급하고 있다.

처음에는 디자인이 멋지고 근사한 건축이 좋았다. 하지만 눈에 보이는 것이 전부는 아니었다. 집에 담긴 이야기를 알게 되면서 건축이 다시 보이기 시작했다. 그 이야기들은 인생 그 자체였다. 너무나 감동적인 이야기도 있었고, 슬프기 짝이 없는 사연도 있었다. 오욕칠정이 스며든 건축은 희로애락의 드라마가 펼쳐지는 극장과도 같았다. 이야기를 듣고 나면 기쁨이 깃든 건물도, 분노가 담긴 건물도, 겉으로는 이상해 보였던 건물도 모두 아름답게 보였다.(구본준(2013), 『구본준의 마음을 품은 집: 그 집이 내게 들려준 희로애락 건축 이야기』, pp.6~7).

결국 '짓는' 행위로서의 건축은, 지어진 결과로서의 집은 그 사람의 마음이자 역사이고 사회인 셈이다. 결국 그 사람 자체인 셈이다. 정녕 집이란 무엇인가에 대해 건축가 임형남과 노은주는 이렇게 말한다.

집이란 우리가 사는 곳이라는 물리적인 의미가 있고, 영혼의 안식처 등의 심리적·철학적 의미가 있다. 거기에 재산과 계급의 상징이라는 사회적 의미까지 포함되어 있는 복합적이고 실질적이며, 추상적인 의미까지 가지고 있는 단어다. 우리는 집에 크게 의존한다. 집이 우리를 묶어 놓은 것이 아니라 스스로 몸을 집에 얽매어 놓은 채 살고 있다.(임형남·노은주(2011), 『작은 집 큰 생각』, p.28)

캠핑족, 텐트를 짓다··· '집'을 짓다. 작은 집을 짓다

최근 캠핑족들의 증가세가 무섭다. 주5일제가 정착되면 그 숫자는 더 늘어날 전망이다. 현재 120만 명으로 추산되는 캠핑족들이 전국 600여 개의 야영장을 누비고 있다. 이들이 야영장에 도착

하면 제일 먼저 하는 것이 텐트나 그늘막을 설치하는 것이다. 잠시 머물 거처를 만드는 일이다. 바로 '집'을 짓는 것이다. 텐트는 크기에 따라 다르겠지만 대체로 4인용 텐트의 경우 약 8m^2(약 2.5평) 수준이다. 누워 쉴 공간만큼의 크기임에도 그곳에 누우면 우주가 품 안에 들어온다. 우주를 품는 데 거처의 크기는 문제가 되지 않는다. 오히려 텐트의 크기가 아니라 우주를 품을 마음의 크기가 문제일지 모른다.

최근 집 짓기에 있어 '작은 집'은 여러 측면에서 의미 있다. 규모가 작은 것은 사치스럽지 않다. 크기가 크지 않으니 비용 또한 절감되는 것은 당연한 이치다. 그리고 오히려 인간적이다. 휴먼스케일(human scale)이랄 수 있다. 물론 현실적인 선택이기도 하다. 비싼 땅 값과 위치를 고려하면 비록 작은 집이라고 해도 만만치 않은 비용이 수반되기 때문이다. 그렇다고 가족 구성원의 생활권에서 벗어난 곳에 저렴한 작은 집을 짓는다는 것 또한 옳은 선택일 수 없다. 작은 집이란 이런 집이어야 한다.

> '작은 집'이란, 정말 크기가 작은 집이라기보다는 '적절한 집'을 말한다. 즉, 집이 가지고 있는 원래의 의미로 돌아간 소박한 집, 적당한 집, 본연의 집을 의미한다. 더불어 거품을 뺀 집, 환경을 생각하는 집, 정신적 가치를 추구하는 집을 의미한다. 공간이 사람을 지배하지 않도록, 내가 감당할 수 있는 편안한 재료로, 내 몸에 맞는 규모로 짓는 집…. 그렇게 내가 사는 공간을 가꾸는 것도 문화다.(임형남·노은주(2011), 『작은 집 큰 생각』, p.166)

집 짓기 열풍 탓일까? 최근 집 짓기와 관련된 많은 책들이 앞 다투어 출간된다. 그 가운데 우리나라 건축가가 아니면서, 따라서 우리 실정에 맞는 정서를 대변하고 있지도 않을 법한데도 많은 독자들에게 읽히는 작가가 있다. 일본인 건축가 '나카무라 요시후미'가 당사자다. 그는 르 꼬르뷔지에를 비롯한 유명 외국인 건축가들의 집을 순례한『집을, 순례하다』를 통해 국내에 알려졌고『다시, 집을 순례하다』와『집을, 짓다』를 통해 그의 집에 대한 깊은 생각을 접할 수 있다. 특히,『집을, 짓다』에서 언급하고 있는 '나만의 집 짓기 원칙 6가지'를 통해 건축가로서의 건축, 집에 대한 그만의 철학을 느낄 수 있다. 그가 강조하는 원칙 6가지는 이렇다.[21] 첫째 <그 장소에 어울리는 건물>로서의 '주변 풍경과 조화를 이루는 집'이다. 둘째, <그 장소, 그 부지에 어울리는 이미지>로서 '소재나 형태에 고집을 부리지 않는 집'이다. 셋째, <작은 부지> '그 자리에 어울리는 집'이다. 넷째, <집이란 과연 무엇인가?>라는 본질적인 질문에 자연스럽게 답할 수 있는 평범한 사람들을 위한 '가족을 너그러이 포용할 수 있는 집'이다. 다섯째, <그 가족의 분수에 맞는> '그 사람에게 어울리는 집'이다. 여섯째, 가구 디자인도 거기에 어울리는 <환경>을 만들어낸다는 의미에서 '공간에 힘을 주는 가구가 있는 집'이다. 이런 원칙으로 지어진 집들은 대부분 '잘난 척하지 않는', '대화하는 집'이거나 '바람의 속삭임'을 들을 수 있는 작은 집이나 오두막 같은 작은 별장들이다. 작은 집에서 찾을 수 있는 아름다움을 모토로 삼아 건축한 셈이다.

---

21) 나까무라 요시후미(2012), ≪집을, 짓다≫, 사이, pp.37~49.

단독주택을 대상으로 신축하거나 작은 현재의 집을 허물고 다시 짓거나 아니면 현재의 집을 적은 비용으로 리모델링해서 새로운 공간으로 창조하는 건축가도 있다. 바로 인문학 건축을 하는 이용재이다. 『딸과 함께 떠나는 건축기행』이라는 책으로 이미 많이 알려진 건축평론가 이용재 씨가 최근 '이용재와 함께하는 인문학적인 집 짓기'를 통해 집 짓기에 대한 새로운 시도를 하고 있다. 그가 얘기하는 '인문학적 집 짓기'란 '자연에 얹혀 자연 속에 있는 집, 도시에 얹혀 도시를 도시답게 만드는 집, 사람 중심의 집'이다.

그런 집을 젊은 건축가들과 함께하는 짓는다. 3.3㎡(평)당 600만 원으로 건축주에 꼭 맞는 맞춤집을 지어주겠다는 어찌 보면 시도된 적 없는 작은 실험이다. 그와 뜻을 함께한 건축가는 '살구나무 집'으로 유명한 조남호, 인문학 집 짓기로서 광주주택을 설계한 윤재민, 한옥 호텔 '라궁'을 설계한 조정구, '달팽이 집'과 '파노라마 하우스'로 유명한 문훈, 여성 건축가인 정현아, 정수진 씨 등이다. 그가 손잡은 건축가 10여 명은 공통점이 있다. 첫째, 젊은 건축가라는 점, 둘째, 잘나가는 서울대·홍익대 출신보다는 지방대 등 비주류 건축학과 출신이라는 점, 셋째, 이용재 식 표현을 빌리면 모두 '싸가지가 있다'는 점이다.[22]

진행상황은 트위터 등 SNS(소셜 네트워크 서비스)를 통해 팔로워들에게 공개하고 있다. 인문학적인 소통 방식을 택한 셈이다.

---

22) 인터넷 시사인(2012년 7월11일)의 기사 일부를 참고했다.
　　http://www.sisainlive.com/news/articleView.html?idxno=13569

〈이용재와 함께하는 인문학적인 집 짓기〉는 트위터를 통해 현재 진행 중인 건축 현장을 중계한다. 중계의 내용은 왜 '집 짓기'가 인문학적이어야 하는지에 대한 건축가로서의 고집이 엿보이는 대목이 많다. '인문학적 집 짓기'는 '집 짓기'에 대한 일반적 통념을 기분 좋게 깬다. 간단명료한 새로운 방식으로의 '집 짓기'가 많은 이들에게 호응받고 있다. 호응과 관심이 더 컸으면 하는 바람이다. 이 실험은 성공적이다.

'작은 집'은 싸지 않다. 그렇다고 터무니없이 비싸지도 않다. 크지 않을 뿐이다. 작다고 불편하지 않다. 오히려 넉넉하게 아껴 쓰는 즐거움이 있다. 작은 집은 크기가 아니라 공간이다. 가족들이 넉넉하게 나누는 삶의 향내가 나는 장소로서의 기억이다.

'작은 것은 아름답다(Small is beautiful)'. 건축가 승효상은 작은 집 '기오헌'[23]에 대해 이렇게 언급하고 있다. '오늘날 우리의 하나밖에 없는 삶을 의탁하는 주거를 돈의 가치로만 따져 자신도 모르게 물신의 노예적 생활을 청하는 이 시대 내 이웃들에게 나는 정말 '기오헌'을 보여주고 싶다. 그래서 우리 속에 사라진 선조들의 향내 나는 삶의 품격을 다시 살리고 싶다'[24]

---

23) 효명세자가 즐겨 들러 독서와 사색의 장소로 사용했던 공간으로 온돌방 하나와 작은 대청과 누마루로 구성된 정면 4칸 측면 3칸의 규모를 갖는 작은 집이다.

24) 승효상(2012), 《오래된 것들은 다 아름답다》, 컬처그라퍼, p.184.

‘작은 집’을 생각하면서 떠오른 문장이 있다. ‘읽어야 쓸 수 있다’. 살고 지나서 알 수 있는 것이 인생인 것처럼. 집은 내가 일생을 통해 겪는 경험의 총체이다. 경험을 대변한다. 그러므로 내가 사는 집이 바로 ‘나’다. 그런 집, 그런 생각이 우리에게 있냐고 ‘작은 집’이 반문하고 있다. ‘작은 집’에 대한 다른 글로 인해 나는 ‘생각하는 대로 살지 않으면 사는 대로 생각하게 된다’는 말을 다시금 새긴다. 집은 ‘생각’이고 생각이 곧 ‘집’이다.

에필로그: 살고 싶은 집을 선택했는가?

주택시장(market)은 변화되고 있다. 설상가상 국내외 경제의 불확실성은 날로 커지고 있다. 스페인의 구제금융신청으로 유럽발 재정위기는 이제 정점을 향하고 있는 듯하다. 국내 주택시장은 새 정부 출범 후에도 뚜렷한 반전의 기회를 찾지 못하고 있다. 단순히 경기가 좋지 않기 때문이 아니다. 현장에서는 부동산 가격의 일시적인 하락 또는 조정보다 부동산 거래의 위축을 오히려 걱정한다. 단순히 경기 침체가 아니라 구조적인 변화를 수반하고 있다는 인식이 지배적이다. 그럼에도 지역적이며 제한적으로 뜨거웠던 지방 분양시장에서 재미를 보지 못해 낙오했다고 느끼는 실수요자들은 언젠가 다시 뜨거워질 수 있을 시장에 참여하지 못해 마치 손해 본 것과 같은 낭패감을 아직 떨치지 못하고 있다. 여전히 부동산을 '한 방'으로 인식하고 있기 때문이다. 지금이 마지막이 지 않을까 하는 아쉬움이 남아 있기 때문이다.

최근 새로 나온 책 가운데 유난히 주택, 주거와 관련된 몇 권의 책이 인구(人口)에 회자한다. 신간으로 나온 책의 제목으로 살펴본 우리의 주거는 '길 모퉁이 건축'(김성홍)을 돌아 '두 남자의 집(땅콩주택) 짓기'로서 '아파트와 바꾼 집'(박철수 외)을 지나 '작은 집 큰 생각'(임형남 외)을 지향하고 있다. 그다음에는 무엇이 있을까? 아마도 100세 시대에서의 100세 주거가 키워드가 될 듯싶다. 새로 출간된 책의 제목으로 하나의 문장을 만들 수 있다는 것은 그만큼 현재 우리의 주택 및 주거에 대한 관심이 크다는 뜻이며, 다양한 시각을 통한 이해가 있을 수 있음을 의미한다. 그만큼 여전히 많은 사람들이 자신들의 주거와 관련해서 고민하고 있으며 그 방향에 대해 결정하지 못한 부분이 있음을 의미한다.

바꿔 말하면 부동산 불패 또는 대폭락의 단견들이 난무하는 가운데 전환기 시점을 지나면서 소비자들은 불안해하고 있다. 때문에 나름의 선택을 위한 장고의 시간이 불가피하다. 그것은 시장의 변화에 기인하는 것도 있지만, 본인의 라이프 사이클을 시장의 변화와 대비시켰을 때 과연 무엇을, 어떻게 선택할 것인가에 대한 확신이 불명확함을 의미한다. 가치의 변화, 그 변곡점을 지나고 있다. 금융자산보다 부동산 자산을 4배 정도 많이 갖고 있는 상태에서 자신의 퇴직, 노후 등을 생각하면 복잡해진다. 바로 그런 의미에서 계절적 비수기를 지나는 이 시점에 그리고 가시적이지는 않지만 시장의 변화가 불가피한 앞으로의 시장 변화에서 진정 본인이 '살고 싶은 집은 무엇인지?'에 대해 고민할 것을 권한다.

살고 싶은 집을 결정해야 현재 보유하고 있는 부동산 자산에 대한 활용 계획을 세울 수 있다. 보다 쉽게는 이제 자신의 부동산 자산에 대한 포트폴리오를 작성해야 한다는 것을 의미한다. 지난해 귀농인구가 6,500만 가구로 가장 많았다고 한다. 한 달 평균 500가구 이상 증가한 결과라고 한다. 이들의 'U-턴 현상'으로서의 귀농은 실패사례도 있지만 성공적이라고 한다. 대부분의 베이비 부머들이 농촌 출신, 시골 출신이라는 것과 무관하지 않다. 베이비 부머의 귀농은 이들의 퇴직과 무관하지 않다. 부동산 불패신화를 만들었던 이들이 다시, 천천히 움직이기 시작했다. 대도시에서 지방도시로, 도시에서 (인근)지방으로, 그리고 도시지역 내 아파트에서 도시 내 단독주택으로 선택의 폭이 다양해지고 있다. 이들의 선택은 작지만 흐름을 형성한다. 하나의 트렌드를 만들고 있다.

살고 싶은 집을 결정하는 것은 살고 싶은 주택 이외의 부동산 자산을 통한 수익형 부동산으로의 재투자로 이어진다. 당신이 베이비 부머이든 아니든 이제 살고 싶은 집을 결정해야 한다. 지금 살고 싶은 집을 선택하지 않으면 살고 싶은 대로 살지 못하고, 사는 대로 살게 된다. 따라서 살고 싶은 집에 대한 선택은 빠르면 빠를수록 당신의 노후를 윤택하게 할 수 있다. 물질적인 윤택이 아니라 노후, 노년의 정신적 안정으로서의 선택이다. 당신은 어디에 살고 싶은가?

서정렬

서울시정개발연구원(현 서울연구원), 주택산업연구원, 알투코리아부동산투자자문(주) 등을 거쳐 현재 영산대학교 부동산·금융학과 교수로 재직하고 있다. 걷고 싶은 도시와 살고 싶은 주택에 관심이 많으며, 주택을 통해 도시를 보고, 도시를 통해 주택과 주거를 보며 도시와 주택의 상호 연관성에 대한 관심을 지속하고 있다. <시골교수 서정렬의 궁리 연구소>라는 블로그를 통해 도시와 주택에 대한 다양한 주제로 포스팅하고 있다. 최근에는 뉴어버니즘(New Urbanism)으로서의 TOD(Transit Oriented Development), 워커블어버니즘(Walkable Urbanism) 등 직주근접으로서의 도시(마을) 만들기와 관련된 창조적 또는 융합적(convergence) 관계와 그로부터 비롯되는 다양한 행태와 협업(collaboration)에 관심을 갖고 있다. 이러한 관심으로 출간한 몇 편의 단행본으로는 『리셋 주택의 오늘 내일의 도시』(공저), 『도시는 브랜드다－랜드마크에서 퓨처마크로』(공저), 부자학연구학회 총서Ⅱ『글로벌 부자학 1: 도시경쟁력과 부자계급』(공저) 등이 있다.

http://blog.naver.com/dpos7532

김현아

현재 한국건설산업연구원 건설경제연구실장으로 있다. 1995년부터 주택·부동산 관련 시장전망 및 정책 관련 연구를 수행하고 있으며, 2000년 이후 가격 폭등의 중심에 있던 '강남지역'과 '재건축'에 관심을 갖고 이에 대한 다수의 보고서 등을 발표하였다. 도시 및 부동산 개발사업, 신도시 계획 및 건설, 공모형 사업에 대한 현안 및 개선방안에 대한 다수의 연구가 있으며 이와 관련해 공공 및 민간기관에 자문활동을 하고 있다. 최근에는 청약제도 폐지 등 주택공급제도에 대한 개편과 '뉴타운 3.0' 등 주택 및 부동산시장에 대한 구조변화를 감안, 산업과 시장정책에 대한 개선을 요구하는 보고서를 다수 발간하였다. 주요 연구로는 「미래성장을 선도하는 건설산업의 새로운 미션」(공저), 「뉴타운 3.0: 저성장 고령화시대의 주거지 정비 대안」, 「건설공급형 주거복지제도의 현황과 과제」(공저), 「주택공급제도 개선방안 연구」, 「PF사태로 본 최근 건설시장의 문제점 진단 및 해결방안 모색」, 「미국의 자가 보유 확대정책의 시사점」(공저)이 있으며, 단행본으로는 『리셋 주택의 오늘 내일의 도시』(공저), 『도시는 브랜드다－랜드마크에서 퓨처마크로』(공저), 『저출산 고령화와 삶의 질 Ⅱ-주택부동산 부문』(공저) 등 다수가 있다.

주거 3.0

100세 주거, 전세는 없다

초 판 인 쇄 | 2012년 6월 29일
초 판 발 행 | 2012년 6월 29일
초 판 2 쇄 | 2013년 5월 16일

지 은 이 | 서정렬·김현아
펴 낸 이 | 채종준
펴 낸 곳 | 한국학술정보(주)
주　　　소 | 경기도 파주시 문발동 파주출판문화정보산업단지 513-5
전　　　화 | 031) 908-3181(대표)
팩　　　스 | 031) 908-3189
홈 페 이 지 | http://ebook.kstudy.com
E-mail | 출판사업부　publish@kstudy.com
등　　　록 | 제일산-115호(2000. 6. 19)

ISBN　　978-89-268-4284-3 93320 (Paper Book)
　　　　　978-89-268-4285-0 95320 (e-Book)

이담Books 는 한국학술정보(주)의 지식실용서 브랜드입니다.

* 본 저서는 영산대학교 교내 연구비 지원에 의해 발간되었습니다.